Au-delà des Illusions

Découvrir Votre Vraie Nature

Dan Desmarques

22 Lions

Au-delà des Illusions : Découvrir Votre Vraie Nature

Écrit par Dan Desmarques

Index

Introduction

Dans un monde saturé de distractions et de quêtes superficielles, la recherche du bonheur authentique et de l'amour-propre peut souvent sembler illusoire. « Au-delà des illusions : découvrir votre vraie nature » est une exploration approfondie de l'expérience humaine, qui examine les profondeurs de nos identités, la nature de nos relations et la recherche de sens dans un monde chaotique.

À travers une série de chapitres introspectifs, les lecteurs sont invités à un voyage de découverte de soi, confrontant des aspects fondamentaux de leur existence. Des complexités de l'identité et de la nature de l'amour au pouvoir transformateur des rêves et à la quête du bonheur, ce livre remet en question la sagesse conventionnelle et les normes sociales.

Avec une honnêteté inébranlable et une vision aiguë, l'auteur explore les paradoxes de la nature humaine et les luttes auxquelles nous sommes confrontés dans notre quête de réalisation. Plus qu'un livre, « Au-delà des illusions » est un appel à l'action, encourageant les lecteurs à se libérer des illusions qui les retiennent, à embrasser leur véritable moi et à trouver un sens et le bonheur dans un monde qui semble souvent indifférent à leurs luttes.

Que vous cherchiez des réponses aux grandes questions de la vie ou simplement une nouvelle perspective, ce livre offre une exploration unique et stimulante de l'expérience humaine. Il vous invite à remettre en question le statu quo, à défier les récits qui ont façonné votre vie et à vous lancer dans un voyage de découverte de soi qui, en fin de compte, vous mènera à une compréhension plus profonde de votre vraie nature.

Chapitre 1 : Découvrir le moi

Notre sens de la personnalité est intrinsèquement lié à notre identité : qui nous sommes, comment nous percevons le monde et le sens que nous donnons à notre vie. Cette identité façonne notre compréhension de l'existence et notre sens général du but. Au cours de notre voyage à travers la vie, nous découvrons un monde où les frontières entre l'ordinaire et l'extraordinaire sont floues, et où le banal et le magique coexistent. En chemin, nos certitudes s'estompent, nous invitant à apprécier l'existence sans attentes.

Ceux qui osent s'aventurer au-delà de cet état d'être, pour affronter les questions centrales de notre existence et redéfinir notre compréhension du monde, sont invités à explorer les aspects les plus fondamentaux de la condition humaine. La véritable connaissance ne peut venir que d'une véritable compréhension. Plus nous nous accrochons à nos suppositions face à la confusion, plus nous perpétuons les raisons qui justifient de nouvelles réincarnations. Nous souffrons non pas à cause de ce qui prend fin, mais à cause de notre attachement à des choses dont nous savions qu'elles prendraient fin et dont nous avons arrogamment présumé qu'elles n'affecteraient pas nos croyances.

La vie a toujours été une lutte, une bataille constante, et le changement fondamental ne se produit que lorsque nous prenons la décision de cesser d'accepter passivement ce que les autres ont créé et veulent pour nous, et que nous commençons plutôt à rechercher ce que nous voulons le plus. Cette lutte peut être plus difficile que nous ne l'imaginons, non pas nécessairement à cause des obstacles que nous ne parvenons pas à surmonter, mais plutôt à cause du nombre incessant de personnes qui tentent de nous en empêcher, dont beaucoup que nous pensions être de notre côté et nous aimer.

Il vous faudra peut-être beaucoup de temps pour comprendre que les gens ne peuvent pas aimer parce qu'ils ne comprennent pas ce qu'est l'amour. Lorsque les gens affirment aimer quelqu'un, ils associent un besoin et une attente à cette personne. Ils disent qu'ils veulent être spécifiquement validés et acceptés par cette personne. Mais elles ne savent pas ce qu'est l'amour ; elles veulent simplement et arrogamment croire qu'elles le savent, car elles ne veulent pas affronter leur ignorance et leur égoïsme dans le processus qui consiste à éplucher les couches de leur faux moi.

J'ai réalisé que le monde a toujours été une lutte pour la survie, une vérité cachée sous le vernis de l'illusion que tout le monde semble embrasser. Mais ce même monde a été créé ainsi en raison du manque d'empathie et de l'égoïsme absolu de beaucoup, ainsi que de leur tendance animale à valoriser le plaisir plutôt que le sens. Les gens ne se soucient pas de vivre sans plaisir et abandonneront volontiers tout ce qui ne leur procure pas de plaisir. Beaucoup appellent cela être sociable et amusant, mais j'appelle cela être spirituellement vide.

Socialement, tout le monde sourit et affiche un bonheur de façade, mais lorsqu'ils sont seuls, la réalité devient beaucoup plus dure et la dépression finit par être un barrage incessant de démons dans leur tête qui leur répètent à quel point ils sont malheureux. Certains recourent au suicide, d'autres trouvent du réconfort dans l'alcool et beaucoup d'autres succombent aux larmes lorsque les distractions de la télévision ou du cinéma ne parviennent pas à leur offrir l'évasion qu'ils recherchent tant. C'est un monde de folie profonde, une vérité que j'ai découverte au cours de mes voyages à travers le monde.

Il est insensé de chercher l'amour sur une planète où les gens n'aiment personne, pas même eux-mêmes. Au contraire, le respect et l'empathie doivent être la priorité. Je n'ai aucun amour pour ceux qui ne me respectent pas et ne font preuve d'aucune empathie à mon égard. Je serais fou d'aimer ces personnes. Et si elles disent m'aimer, elles mentent. Si elles pensent m'aimer, elles sont folles. Si elles ne peuvent pas me respecter, moi et mes points de vue, elles ne peuvent pas m'aimer. Elles ne peuvent qu'aimer l'idéalisation qu'elles ont de moi, l'illusion qu'elles ont de moi dans leur esprit. Si elles cessent de m'aimer, c'est parce qu'elles ne peuvent plus maintenir cette illusion.

Il est stupide d'essayer de rationaliser les actions nuisibles des autres et de leur pardonner ensuite en raison de leurs expériences de vie ou de leurs difficultés. Les gens ont le choix à tout moment ; être méchant est un choix et doit être empêché et éliminé de la société, tout comme un voleur qui, d'une certaine manière, demande à être emprisonné pour l'empêcher de voler parce qu'il ne peut pas se contrôler.

Bien sûr, on ne peut pas comparer le vol de nourriture à la menace de la vie d'autrui avec une arme, mais les gens comprennent-ils la différence ? On me demande souvent pourquoi je dis aux gens de donner de l'argent à un voleur plutôt que d'essayer de le combattre, comme s'ils ne le faisaient pas déjà au gouvernement et à la banque sous forme de taxes et d'impôts. Les gens sont trop inconscients pour voir les nombreuses façons dont ils sont dépouillés de leur richesse, et ils se plaignent alors de choses insignifiantes, allant même jusqu'à risquer leur vie pour elles, alors qu'ils ne risqueraient rien si la banque saisissait leur maison pour défaut de paiement.

Chapitre 2 : Le fardeau de l'ignorance

Le monde est difficile parce que les gens résistent généralement au changement et s'accrochent à leurs croyances, même lorsque celles-ci sont néfastes. Essayer d'aider les autres en leur donnant des conseils pour éviter la souffrance, améliorer leur santé ou prévenir les maladies suscite souvent du ressentiment, des moqueries et des insultes. Les gens peuvent vous accuser de diverses erreurs simplement pour éviter d'affronter la vérité que vous présentez. Si vous voulez perdre rapidement vos amis, commencez à offrir une aide efficace à tout le monde et vous vous retrouverez bientôt isolé.

On dit souvent que le succès nécessite de prendre des risques, mais le risque le plus grand et le plus évité est de mettre les autres mal à l'aise en leur présentant des faits et en remettant en question leurs croyances. Lors de mes rencontres avec diverses communautés religieuses, j'ai été témoin de la colère et de l'hostilité qui peuvent surgir lorsque les gens se sentent menacés dans leurs croyances. J'ai été traité de méchant et d'arrogant simplement parce que j'avais des connaissances que d'autres n'avaient pas. Cette expérience m'a permis de comprendre pourquoi tant de personnes en Europe, il y a plusieurs siècles, ont été persécutées et même brûlées sur le bûcher pour avoir lu des livres interdits.

Il n'y a aucun danger inhérent à la poursuite de ses rêves, à moins que vous ne pensiez avoir besoin de l'approbation des autres. Le besoin d'approbation et de validation est directement proportionnel au danger que vous pouvez rencontrer. Ce besoin peut avoir des conséquences bien au-delà de ce que vous pouvez imaginer, car les gens manifestent rarement de l'intérêt pour l'accomplissement de leurs responsabilités, même lorsque leur subsistance en dépend.

Beaucoup de gens pensent que tout le monde a droit à un emploi et à un salaire, quelle que soit sa compétence. En général, ils ne comprennent pas le but de leur travail ni même pourquoi ils possèdent ce qu'ils possèdent. J'ai remarqué qu'un nombre important de personnes semblent ne pas aimer leurs clients, ce qui soulève la question suivante : pourquoi devrais-je fréquenter un café où les serveurs sont impolis, comme c'est souvent le cas dans toute l'Europe ? Et pourquoi les employés des cafés et des supermarchés en Europe méritent-ils un emploi s'ils n'apprécient pas leur travail ou leurs clients ?

Je crois fermement que l'automatisation, comme les distributeurs automatiques, pourrait augmenter les profits de ces entreprises pour des raisons évidentes : les machines ne traitent pas les clients de manière grossière et peuvent effectuer des tâches répétitives avec efficacité. De plus, pourquoi les personnes occupant ces emplois devraient-elles craindre la mort si elles n'accordent aucune valeur à la vie ?

Lorsque je suis entré sur le marché du travail, j'ai rapidement compris que mon travail n'était pas valorisé, et j'ai souvent été licencié parce que j'étais trop compétent. Il est clair que les gens en veulent à ceux qui savent ce qu'ils font, alors qu'eux-mêmes ne le savent pas. Il n'est pas facile de conserver un emploi dans un monde rempli de personnes délirantes et irresponsables. Je me suis souvent senti comme dans un hôpital psychiatrique, marchant sur la pointe des pieds autour de patients atteints de troubles mentaux, où les rituels et les perceptions quotidiennes sont plus importants que le travail réel qui justifie le salaire.

J'ai réalisé que ce paradigme existe partout dans le monde, sauf dans les sociétés qui privilégient les résultats plutôt que la validation sociale, ce qui conduit à une productivité et une richesse supérieures. Si j'avais su à l'époque ce que je sais maintenant, j'aurais suivi les directives et les principes que je partage aujourd'hui avec d'autres personnes. Le problème, c'est que je n'ai trouvé personne qui partageait les mêmes points de vue, et ceux qui m'écoutent m'insultent et m'ignorent généralement parce qu'ils sont trop ancrés dans leurs croyances pour voir la valeur de ce que je partage.

Si je pouvais remonter le temps, je dirais à mon ancien moi que les gens sont généralement mal informés et que ce qu'ils disent a peu de valeur. Il vaut vraiment mieux placer son espoir dans l'inconnu que de se fier à l'esprit des arrogants, surtout lorsqu'ils utilisent leurs propres interprétations religieuses dégradées et mal informées pour conditionner les autres à les suivre.

Si nous devons pardonner à quelqu'un, commençons par nous-mêmes, car nous ne savons rien et ne reconnaissons pas nos propres erreurs lorsque nous présumons que nous en savons plus que les autres. En fait, l'espoir a fait plus pour moi que n'importe quel autre être humain que j'ai connu, me donnant des ailes pour rechercher une vie meilleure plus rapidement et au-delà des limites mondaines des autres. Il m'a également aidé à approfondir ma connaissance de moi-même pour découvrir qui je suis.

Chapitre 3 : Accepter l'incertitude

J'ai remarqué que les sociétés ne changent pas autant qu'on pourrait s'y attendre. Des décennies, voire des siècles passent, mais beaucoup de choses restent identiques, témoignant de la résistance obstinée des gens au changement. Les nouvelles générations reflètent généralement la paresse et l'ignorance de leurs prédécesseurs, suivant fièrement leurs traces, conditionnées par les mêmes fausses croyances transmises par leurs parents et grands-parents. Cela continue, malgré le fait que nous vivions dans un monde fondamentalement différent de celui qu'on nous décrit.

Cependant, ce pour quoi je me suis tant battu face à tant d'adversité est devenu le fondement de ma foi dans la poursuite de mes rêves. Suggérer que mon résultat actuel est uniquement déterminé par mes luttes est une façon simpliste de rationaliser la vie, car beaucoup traversent des difficultés similaires et succombent à bien moins. La vérité est que j'ai toujours été une personne pacifique et joyeuse, usée par la cruauté et l'indifférence implacables du monde qui m'entoure. Si les circonstances avaient été différentes, je serais redevenu moi-même bien avant.

Cette prise de conscience m'a amené à comprendre que le véritable succès ne se mesure pas aux risques que nous prenons, mais à la résilience et à la force dont nous faisons preuve face à l'adversité. C'est un équilibre délicat, mais en fin de compte, ce ne sont pas les risques que nous prenons qui nous définissent, mais les choix que nous faisons après cela. Ces choix sont déterminés par notre capacité et notre rapidité à apprendre, car nous ne voyons que lorsque nous savons. Si rien ne nous aide dans cette quête, nous devons lire avidement et abondamment.

C'est exactement ce que j'ai fait : d'abord pour me connaître moi-même, puis pour comprendre le monde et enfin pour créer ma propre réalité, une réalité que d'autres affirment aujourd'hui ne pas être réelle. Il est ironique que, lorsque vous vous séparez de la réalité des autres en créant votre propre réalité, vous soyez traité de menteur. Votre vérité devient un mensonge pour ceux qui ont succombé à leurs propres mensonges et qui, en acceptant ces mêmes mensonges, affirment qu'ils sont vrais pour cette seule raison.

Je comprends maintenant que la lutte est sans fin, car il n'y a pas de fin à l'immense folie et à l'ignorance du monde. Nous ne pouvons qu'essayer de nous y préparer et de vivre à l'écart. L'alternative est l'illusion : prétendre aimer des gens qui ne nous aiment pas, lutter pour comprendre ceux qui ne cherchent pas à nous comprendre ou à s'améliorer, et vivre dans un état de peur constant pour la seule raison d'avoir une existence qui semble insultante à ceux qui n'aiment pas la leur.

Beaucoup croient que s'ils ne parviennent pas à trouver un moyen d'être acceptés et aimés par les autres, ils ne pourront pas trouver l'amour pour eux-mêmes, mais c'est toujours le contraire qui est vrai. Sans cet amour, que nous devons apprendre à cultiver en nous-mêmes et pour nous-mêmes, nous risquons de sombrer dans le désespoir, pour nous réveiller chaque matin avec un nouveau sentiment d'utilité qui, souvent, s'estompe.

J'ai découvert qu'un grand sens à la vie n'apparaît que lorsque nous faisons quelque chose qui nous transcende. Avoir des enfants est une façon d'y parvenir, mais une autre façon tout aussi importante, que seuls les altruistes peuvent comprendre, est de travailler pour les enfants à naître, de partager notre sagesse avec eux, même si nous ne nous rencontrons jamais.

Le plus grand artiste laisse toujours son art lui survivre. Mais beaucoup de gens sur cette planète sont tellement animés par le désir de conflit qu'ils sont loin de percevoir la valeur de construire une vie, de rechercher la connaissance ou de trouver la beauté. L'idée romantique de la guerre, des idéaux nationalistes, du conflit comme une entreprise noble, est intrinsèquement narcissique et le signe d'une société très malade. Elle suppose que la cause de quelqu'un est si juste, si pure, qu'elle justifie la fin de vies et la destruction de mondes.

La seule guerre qui vaille la peine d'être menée est une guerre de préservation. C'est une bataille pour défendre notre intégrité et celle de ceux qui partagent nos croyances spirituelles. C'est la reconnaissance que certaines valeurs valent la peine d'être défendues. Les guerres d'aujourd'hui se livrent dans le domaine de l'esprit et de l'âme. Mais ceux qui ne les reconnaissent pas ne savent pas qu'ils sont déjà morts. Nous vivons à une époque où les conflits les plus puissants sont ceux des idéologies, des croyances, des récits, où nous devons trouver la vérité parmi de nombreux mensonges.

Il s'agit d'une guerre pour l'âme de l'humanité, d'une lutte pour définir notre identité collective et notre destin commun. Les armes dont nous avons besoin aujourd'hui sont celles de la clarté, du discernement et de la détermination, affinées et aiguisées par des années d'observation, de réflexion et d'introspection. Elles tranchent le mensonge et l'illusion, la fausseté et la folie. Ce ne sont pas des armes de destruction, mais des outils d'illumination, qui éclairent les ténèbres qui se sont installées dans notre société.

Chapitre 4 : Désir et peur

L'honnêteté et l'authenticité ont le pouvoir de changer le cours de l'histoire, d'inspirer des révolutions, de renverser des empires et de créer de nouveaux mondes. Elles façonnent notre perception de la réalité, notre compréhension du passé et notre vision de l'avenir. Cette lutte transcende les opinions, les croyances et les egos. Bien que l'avenir soit incertain, avec l'amour de nous-mêmes, de notre existence et de nos idées d'une vie meilleure, ainsi que du courage et de la conviction, nous pouvons changer le cours de l'histoire et créer un avenir plus radieux.

Cet avenir peut échapper aux masses qui, dans leur apathie effrayante, ne le voient peut-être même pas, se fermant à une réalité plus adaptée à leur faible état de conscience. En effet, tout le monde ne fonctionne pas sur le même spectre de la vie. Beaucoup de gens ne voient la vie qu'à travers le prisme de leurs propres expériences et réinterprètent tout ce qu'ils voient en fonction de celles-ci.

Cela signifie que, même si nous avons tous accès aux mêmes informations, chacun d'entre nous les vit différemment en son for intérieur. Mais le plus fascinant dans tout cela, c'est à quel point les gens se conditionnent à travers ces expériences, car le changement n'est généralement qu'à un choix de distance : la décision de lire, d'apprendre et de rechercher de nouvelles connaissances.

Peu atteignent le niveau de conscience qui les éveille à ce voyage nécessaire ; au contraire, ils succombent à leurs propres croyances et s'y accrochent fermement. Rien ne rend cela plus évident que la réalité de la pauvreté, où tout le monde possède un téléphone portable et perd son temps à regarder des futilités au lieu de s'instruire. Il est intéressant de noter que les riches ont tendance à lire davantage, alors que les pauvres ont beaucoup plus besoin d'éducation que les riches.

Dans le paysage vibrant de ma jeunesse, j'étais un rêveur, un aventurier imprudent dans le royaume du désir. Mais mes rêves étaient souvent ridiculisés par ceux qui étaient limités par leur propre manque de compréhension. Même si je faisais ce qu'il fallait, ceux qui avaient pris le mauvais chemin dans la vie me disaient souvent que j'avais tort. Ce n'est qu'après avoir beaucoup lu que j'ai réalisé que la réalité que je créais pour moi-même ne correspondait pas à la réalité que je vivais. J'ai alors compris que le parcours de ma vie ne pouvait pas inclure la réalité que je connaissais si je voulais vraiment réaliser ces rêves.

Au final, j'ai rendu beaucoup de choses possibles, sauf celles que j'ai choisi d'abandonner - une décision qui n'était pas un abandon, mais une réorientation stratégique et un réalignement des énergies en fonction des opportunités que j'ai rencontrées. Il est vraiment naïf de penser que l'on peut faire tout ce que l'on veut sur cette planète sans tenir compte de ses limites, mais beaucoup considèrent cela comme du cynisme, simplement parce que cela exige une dose de réalité qu'ils ne sont pas prêts à affronter.

Nous sommes rarement jugés sur notre caractère, mais toujours sur les choses que nous acquérons, car la société valorise ceux qui gagnent, pas ceux qui se battent ou leurs traits de personnalité. Mais la destination, le but, n'est que le point culminant d'un processus interne et difficile de transformation, une note de bas de page dans le grand récit de notre vie. En fait, définir sa propre existence en fonction des autres est une invitation au désespoir.

J'ai commencé à considérer les choses que les autres jugent précieuses comme de simples accessoires, choisissant plutôt de me fier à ce qui est sous mon contrôle : ce que je sais, ce que je veux et ma capacité à réaliser mes désirs. Et même si l'avenir est très incertain, je l'envisage avec espoir dans mon cœur, car c'est la seule façon de donner un sens à la vie.

L'amour, malgré tout son attrait romantique, est un concept éphémère, difficile à quantifier et souvent mal compris. Le sexe, en revanche, est une force primordiale, un instinct qui soutient notre existence. C'est la base sur laquelle notre psyché est construite, le moteur qui anime notre comportement.

Sigmund Freud, aussi controversé soit-il, l'avait compris. Il a reconnu que nos instincts sexuels dominent notre inconscient, façonnant nos désirs et nos motivations. Nous commençons notre vie en recherchant la nourriture, le confort du sein maternel et, à mesure que nous grandissons, cet instinct se transforme en une pulsion vers la connexion, le plaisir et la procréation. La satisfaction de cette pulsion est une mesure fondamentale de notre bien-être, qui se reflète même dans notre façon de bouger, de nous comporter.

Certains idéalistes proclament la primauté de l'amour, affirmant qu'il est plus important que la guerre. Mais ils sont mal compris parce qu'ils n'osent pas dire la vérité : que l'idéal le plus élevé, la force qui façonne réellement notre existence, c'est le sexe. C'est le désir de fusionner, de se connecter, de créer. C'est l'élan qui nous pousse à rechercher d'autres personnes, à former des liens, à construire des communautés.

Il ne s'agit pas de minimiser le pouvoir de l'amour, mais de le reconnaître comme la manifestation de quelque chose de plus fondamental. En fait, l'amour n'a pas grand-chose à voir avec l'attirance que ressentent la plupart des gens. C'est le sexe qui nous anime, qui nous façonne, qui fait de nous ce que nous sommes. La seule chose qui puisse surpasser cette force fondamentale est une énergie qui nous aligne avec le divin sous la forme d'œuvres d'art édifiantes.

Chapitre 5 : L'illusion du contrôle

Les artistes les plus accomplis trouvent dans leur art une forme d'auto-satisfaction qui, si elle n'est pas correctement nourrie, peut se transformer en addiction, en dépression et en anxiété. Sous la surface se cache un désir plus profond : le désir de se connecter, de communiquer ses pensées et ses sentiments et d'embrasser notre collectivité dans son ensemble. Lorsqu'un spectateur ou un lecteur s'implique dans le travail d'un artiste, un lien se crée, et cette connexion, cette communion des esprits, est l'aboutissement final de l'instinct de l'artiste.

On dit souvent que l'amour est la plus grande force au monde, mais il n'existe pas dans le vide. Avant l'amour, il y a le sexe, l'impulsion primordiale qui donne à l'amour son contexte et sa signification, et après l'amour, il y a le désir d'expression. Le monde, avec ses recherches intellectuelles et ses idéaux élevés, ignore souvent cette vérité fondamentale. Nier l'importance du plaisir ou de la connexion humaine, c'est nier l'essence même de notre être.

Lorsque nous nous éloignons du divin, nous nous éloignons de notre propre nature, et les conséquences se traduisent par le désespoir, souvent monnayé par ceux qui cherchent à tirer profit de notre isolement et de notre frustration face à la vie. Dans un monde où tant de personnes sont seules, les entreprises n'ont jamais eu autant d'opportunités de répondre aux besoins qui étaient auparavant satisfaits par le mariage et les relations familiales. L'anxiété, la dépression, l'insécurité et la solitude sont désormais des émotions très lucratives.

Voir cette réalité ne signifie pas être cynique, mais plutôt accepter les défis de la grande majorité, dont la plupart sont en passe de relever d'autres défis plus profonds, de nature financière. La richesse est intrinsèquement liée à la façon dont nous nous percevons. Si vous ne le croyez pas, essayez de vous sentir motivé et productif lorsque vous vous sentez seul, apathique et malheureux.

L'obsession que les gens semblent avoir pour le bonheur et les résultats rapides s'accompagne d'insatisfaction et d'un manque de volonté de travailler. Les gens ne veulent pas qu'on leur dise qu'ils doivent faire plus d'efforts pour réaliser leurs rêves, et ainsi, une grande dichotomie se profile à l'horizon entre ceux qui ont tout et ceux qui n'ont pas de maison ou qui en sont proches.

Dans un monde rapidement connecté par les idées et les émotions, ceux qui parviennent à s'exprimer le mieux, de manière claire et originale, mèneront les autres à l'avenir. Nous le voyons clairement à travers les podcasteurs et les influenceurs des réseaux sociaux, des termes qui, jusqu'à récemment, étaient essentiellement inconnus et peu popularisés. L'art sous ses différentes formes suit cette tendance, les peintres, les musiciens et les écrivains gagnant plus d'argent que jamais.

Si ces choses effraient beaucoup de gens, c'est simplement parce qu'elles remettent en question leur vision du monde, leurs dogmes religieux et leur besoin de maintenir la même réalité. La peur du changement masque toujours le besoin de stagnation, et la stagnation, tout comme le dogme, est une caractéristique des énergies des ténèbres qui résistent souvent violemment à toute innovation positive. Il suffit de regarder le grand nombre de scientifiques innovants qui travaillent sur des sources d'énergie alternatives mais naturelles, et d'homéopathes qui proposent des remèdes naturels pour des maladies très lucratives, qui sont constamment réduits au silence ou discrédités par ceux qui appartiennent à des secteurs fondamentalement corrompus, pour savoir que c'est vrai.

La plus grande erreur des civilisations en déclin est de confondre le divin et l'amour lui-même avec de simples actes physiques et des résultats personnels, car sans amour, ces actes et ces résultats sont vides et dénués de sens. Le véritable amour exige une harmonie entre l'esprit, le cœur et l'âme - une empathie profonde, une compréhension et une acceptation mutuelles.

Historiquement, l'idée que l'intimité est une extension de l'engagement avait du sens, car elle était inextricablement liée à des conséquences et des responsabilités potentielles. Avec le temps, les gens comprendront que les objets de leur désir ne sont pas aussi importants que les sentiments qu'ils recherchent. Ce n'est qu'alors qu'ils comprendront vraiment l'amour et le bonheur, non pas comme des émotions passagères ou des marchandises, mais comme un état d'être durable qui fortifie l'âme. Ils apprécieront la beauté, non pas comme une mode passagère, mais comme une manifestation de ce qui élève et inspire.

Sans amour ni bonheur, le monde peut en effet sembler triste. Mais trop souvent, les gens essaient de combler leur vide intérieur en consacrant leur temps à des carrières respectables, dans l'espoir d'obtenir la validation de la société. Cependant, cette prise de conscience arrive généralement trop tard, une fois que le statut a déjà été perdu et qu'elles n'ont plus l'énergie, les connaissances ou la capacité d'adaptation nécessaires pour changer de voie. Elles se retrouvent équipées pour un monde qui n'existe plus.

Ainsi, le rejet, la frustration et l'échec précoces peuvent être une bénédiction, nous conduisant plus rapidement vers la vie que nous souhaitons vraiment, comme si l'univers nous guidait vers notre destin. Ces expériences peuvent servir de catalyseurs à la croissance, nous amenant à affronter nos peurs et à accepter l'incertitude qui accompagne la poursuite de nos rêves. En acceptant que le contrôle est souvent une illusion, nous pouvons trouver le courage de nous laisser aller et de faire confiance au voyage, sachant que chaque pas nous rapproche de notre véritable moi.

Chapitre 6 : L'alchimie de la connexion

La prière et les rêves sont la reconnaissance que nous n'avons pas toutes les réponses. Il est arrogant de présumer que nous connaissons le chemin vers nos rêves lorsque nous demandons de l'aide. La prière exige un abandon et une foi que les pas inconnus qui nous attendent nous mèneront là où nous voulons aller. Nous ne pouvons pas contrôler le voyage ; nous ne pouvons que déterminer la destination.

Pendant de nombreuses années, j'ai cru que ma capacité à atteindre mes objectifs me rendait inarrêtable. Je n'ai pas réussi à aligner mes aspirations sur mon moi véritable et j'ai cherché la validation et l'approbation extérieures. Après plusieurs emplois insatisfaisants, j'ai réalisé que je devais créer une carrière qui ait du sens. Je crois fermement que le sens de la vie réside dans la poursuite de nos désirs créatifs et spirituels. Vivre uniquement pour obtenir le respect des autres, c'est mener une vie vide de sens.

La contemplation de la mort met cela en évidence : personne n'est assez important pour ne pas être oublié. Il est donc sage de créer une vie qui a du sens plutôt que de la gaspiller à la recherche d'une validation sociale. Les actions qui vont à l'encontre de notre esprit de priorité à la validation et au plaisir peuvent être considérées comme de l'aveuglement. Tout enseignement qui nie notre conscience de cette vérité est erroné.

La véritable connaissance spirituelle nous guide vers le fait de devenir de meilleures personnes, et non des esclaves de dogmes. Beaucoup luttent contre l'inadéquation et le détachement parce qu'ils n'ont pas cette compréhension. Ils rêvent d'autres vies, sans se rendre compte que les réponses se trouvent en eux, accessibles par l'introspection et l'exploration spirituelle. Grâce à la foi et à la connaissance de soi, nous pouvons créer une vie qui a du sens et un but.

J'aime la vie que j'ai et je préfère aimer ma vie plutôt que d'avoir le respect des gens pour une vie qui ne me satisfait pas. Cela devrait être la devise de tout le monde, mais peu ont la capacité de comprendre la signification du choix ou de la liberté. La question typique que l'on me pose lorsque je visite un nouveau pays est : « Pourquoi êtes-vous ici ? » Comme si notre décision dépendait toujours d'un résultat aléatoire et externe, hors de nous-mêmes, comme si nous n'avions pas la capacité d'être autonomes et de choisir le cours de notre destin. Les gens posent cette question parce qu'ils ne peuvent imaginer aucune autre possibilité.

Quand je réponds que j'ai choisi d'être dans un pays sans raison particulière, ils sont perplexes, comme si cela n'était pas possible.

Certains répètent avec colère que je dois avoir une raison, car personne ne voyage sans raison. Ils sont tellement immergés dans leur propre folie qu'ils préfèrent se battre pour la protéger plutôt que d'apprendre quelque chose de nouveau sur leurs limites.

Enfant, quand la vie n'avait pas beaucoup de sens pour moi, je cherchais des raisons, et je ne les trouvais certainement pas chez les autres. Mais lorsque le désir de mourir survient rapidement et de manière inattendue, il entraîne avec lui une tempête de changements, un tourbillon qui balaye ce qui est familier et laisse derrière lui un paysage modifié de manière imprévisible. Il n'est donc pas surprenant que beaucoup de ceux qui ont embrassé leurs frustrations soient devenus des artistes, brandissant leurs pinceaux et leurs stylos comme des armes contre l'obscurité qui approche. C'est comme si ce qui nous permet d'échapper au monde nous donnait également un but plus profond pour continuer à y vivre.

Au cours de mon propre parcours, je me suis plongé dans la lecture de nombreuses sources spirituelles, tant rituelles qu'empiriques, dogmatiques et occultes dans leurs fondements, et à partir de ces sources disparates, j'ai accumulé une richesse de connaissances qui m'a guidé à travers le labyrinthe de la vie et les mensonges auxquels beaucoup croient encore. Et pourtant, malgré la profondeur et l'étendue de mon apprentissage, je me trouve sur un plateau, un désert aride où les vents du désespoir soufflent sans cesse. Cela est dû au fait que les masses s'obstinent dans leurs mensonges collectifs, refusant avec arrogance d'apprendre et de changer ou de respecter ceux qui ont choisi une voie différente. Les masses ne sympathisent pas avec la liberté et la rébellion de la pensée indépendante et le démontrent par leur mépris, leur irrespect et leur rejet de ceux qui cherchent cette voie. C'est pourquoi la vérité nous isole inévitablement.

Cette agonie qui ronge le cœur de notre être limite notre capacité à apprécier tout ce que nous avons, même si je sais très bien que je n'aurais pas cela si je suivais les chemins que les autres ont imaginés. C'est une chose étrange, ce vide qui comble le vide laissé par nos rêves lorsqu'ils se réalisent, mais dans ce monde, c'est le prix à payer pour une meilleure compréhension et une meilleure connaissance des mystères de la vie. C'est peut-être pour cela que ceux qui en savaient plus que la moyenne appréciaient davantage la compagnie d'un chat ou d'un chien que celle d'un être humain.

Chapitre 7 : Le paradoxe de l'amour

Le monde, dans toute sa gloire et son désespoir, est une toile sur laquelle nous peignons notre propre réalité. Nous naviguons sur cette toile avec conscience, en nous concentrant sur ce qui est vraiment important et, en même temps, en restant attentifs à ce qui est purement dégradant. C'est par une humble soumission à notre foi que nous libérons le pouvoir de façonner notre réalité, indépendamment du scepticisme des autres.

J'ai accompli d'innombrables exploits que les autres considéraient comme impossibles, c'est pourquoi je suis souvent intrigué par leurs tentatives pour m'en empêcher, mais c'est peut-être dans la nature humaine de résister à ce que nous ne comprenons pas. Ceux qui prétendent être éclairés révèlent généralement leur côté sombre lorsqu'ils sont mis au défi. Mon expérience avec les organisations religieuses m'a montré la laideur qui peut se cacher sous la surface, et j'ai appris que je ne peux pas atteindre leurs membres sans faire face à leur hostilité. Peu importe les preuves présentées, un imbécile les rejettera comme étant fantaisistes, croyant que sa propre perspective limitée est la vérité suprême.

Ce fut une révélation de réaliser que ces imbéciles sont partout, chacun prétendant en savoir plus qu'il n'en sait réellement. Ils se moquent de ce que je sais, révélant ainsi leur ignorance. C'est comme voir un ivrogne s'amuser de sa propre misère, inconscient du temps et de la conscience qu'il a perdus. Mais pouvons-nous nous sentir méprisés par ceux qui en savent moins et nous insultent parce que nous en savons plus ?

Peu comprennent que le pouvoir de façonner notre réalité n'est pas entre les mains d'une divinité lointaine, mais dans notre propre cœur, notre esprit et notre âme. Chaque fois qu'ils nient cette vérité, ils perpétuent leur ignorance. J'ai compris que c'est dans l'acte de rêver - un processus souvent rejeté par les masses comme inutile - que nous développons les chemins neurologiques nécessaires à notre transformation. Cette idéalisation du moi est notre vrai moi, car il n'existe pas de moi plus élevé que celui que nous nous efforçons de devenir.

Me réveiller avec vue sur l'océan dans des pays que j'avais rêvé de visiter un jour était surréaliste, mais je ne peux pas l'expliquer à ceux qui ne croient pas au pouvoir des rêves de devenir réalité, en particulier à ceux qui présument pouvoir reproduire ma vie en suivant une formule simple. Tous ceux que je connais me demandent comment je vends mes livres, comme si c'était la clé pour vivre la même vie. Ils ignorent ma formation, les connaissances que j'ai accumulées, la sagesse que je partage dans mes livres et les différents domaines dans lesquels j'ai travaillé, de la gestion d'entreprise à l'enseignement dans des universités prestigieuses. Leur arrogance est aussi absolue que leur ignorance et leur manque de respect. Ils me réduisent à une hypothèse simpliste, comme si j'étais tombé sur une solution magique en marchant dans la rue.

Les seules personnes vraiment en bonne santé que j'ai rencontrées sont celles qui travaillent plus que quiconque, celles qui ont créé et reconstruit leur propre entreprise et, surtout, celles qui ont fait faillite et ont recommencé dans un autre domaine. En d'autres termes, seuls les polymathes peuvent comprendre un autre polymathe. Ces personnes sont plus intéressées à me connaître en tant que personne. C'est la plus grande différence entre la masse et les rares exceptions parmi elle. Les imbéciles me posent des questions stupides tout en cherchant les mauvaises réponses, et les sages m'offrent du café et leur amitié tout en élargissant humblement leur conscience de la réalité.

La majorité n'est pas synonyme de bon sens, et la somme de nombreux zéros reste nulle. Il est plus sage de chercher des conseils dans nos cœurs et dans les pages de ceux qui ont partagé leur sagesse que de demander aux imbéciles de participer à la formation de nos vies et de les orienter vers les mêmes résultats qu'ils ont obtenus. Mais les gens sont aussi tellement égocentriques qu'ils s'irritent lorsque j'ignore leurs opinions, incapables d'accepter leur propre inutilité et l'absurdité de leurs paroles. Ils n'ont pas conscience de leur inconscience. C'est pourquoi les gens affirment aimer les autres, mais le font avec des conditions et des attentes.

Le véritable amour est inconditionnel et altruiste. Il ne s'agit pas de ce que nous pouvons obtenir des autres, mais de ce que nous pouvons donner. Il s'agit de voir le meilleur chez les gens, même lorsqu'ils ne parviennent pas à le voir eux-mêmes. L'amour est la force qui nous pousse à nous connecter aux autres, mais c'est aussi l'émotion qui nous rend vulnérables, ouverts au chagrin et à la douleur. Pour vraiment embrasser l'amour, nous devons être prêts à donner, même lorsque nous savons que nous ne recevrons peut-être rien en retour. Car c'est dans cet acte de donner, dans cet acte d'aimer, que nous trouvons notre véritable moi et notre véritable raison d'être. Nous devons donc embrasser le paradoxe et la vie qui s'offre à nous. Mais avant tout, aimons-nous nous-mêmes, car aimer les imbéciles, c'est courir à l'échec.

Chapitre 8 : Rêves et réalité

La grande majorité des gens n'ont pas conscience d'eux-mêmes et ne peuvent pas voir leur propre ignorance, ce qui est essentiellement ce qu'est l'ignorance. La véritable intelligence commence lorsque la personne est capable de reconnaître et de corriger ses propres erreurs. Jusque-là, elle reste inconsciente de son inconscience, trop inconsciente pour percevoir l'étendue de ses limites. Mais comment pouvez-vous trouver de vraies réponses si vous croyez que les réponses que vous cherchez doivent correspondre à vos idées préconçues ?

Il est plus sage d'explorer notre ignorance, comme un enfant qui apprend à utiliser un nouveau jouet - dans ce cas, notre propre esprit. C'est cette capacité métaphysique d'extériorisation, que les enfants utilisent naturellement lorsqu'ils endossent la personnalité de leurs jouets, qui nous permet de nous regarder objectivement et d'identifier les domaines qui nécessitent des changements et des améliorations.

Le changement précède toujours le succès ; seuls les ignorants refusent de changer. Ce principe a transformé mon existence en un contraste saisissant avec la vie que je connaissais. Je suis passé de 14 heures de travail par jour, du lundi au dimanche, dans plusieurs emplois, à ne plus travailler du tout, sauf lorsque je veux écrire un nouveau livre. Cependant, je gagne maintenant beaucoup plus d'argent que je n'en ai jamais gagné avec tous ces emplois simultanés, et bien plus que je n'aurais jamais osé imaginer.

La réalisation de mes rêves est venue d'un investissement constant et écrasant dans le travail au-delà de mes résultats, et non pour mes résultats. La différence résidait dans la direction et les valeurs que je suivais. C'est pourquoi je peux facilement ignorer ce que tout le monde dit, car je sais que j'ai raison et qu'ils ont tort. Mais ils pensent que je suis arrogant de penser ainsi, comme si le fait d'être d'accord avec leur ignorance faisait de moi une meilleure personne.

C'est ainsi que les imbéciles tentent de manipuler vos pensées et de vous changer, en utilisant la culpabilité, le jugement et la punition comme réponse. Ils incarnent vraiment l'arrogance à son meilleur. Mais il n'y a rien de plus arrogant qu'une personne qui se considère comme l'incarnation des valeurs divines et qui est prête à détruire votre vie à cause de ses croyances. Nous pouvons être reconnaissants qu'ils ne nous emprisonnent pas, ne nous torturent pas et ne nous brûlent pas vifs parce que nous ne sommes pas d'accord avec eux, car ils dégagent certainement cette énergie et cette intention sombres.

Le minuscule appartement où je posais ma tête pour me reposer n'est plus qu'un lointain souvenir, et l'épuisement qui rythmait mes journées, les repas laissés à brûler pendant que je succombais à la fatigue, ne sont plus que les échos d'un passé qui semble presque irréel. Pour quelqu'un qui n'a jamais pris de vacances ni voyagé hors de son pays, cette transformation est monumentale. Et pourtant, le succès s'accompagne d'un coût émotionnel élevé, surtout lorsque vous réalisez que les gens vous détestent davantage pour vos réalisations que lorsqu'ils vous méprisaient parce que vous n'en aviez aucune et que vous luttiez pour survivre.

Ce genre de jalousie et de ressentiment m'a vraiment choqué, précisément parce que je n'ai jamais été aidé autrement qu'en étant ignoré, même lorsque j'étais confronté au chômage et au manque de logement. Je n'aurais jamais pu imaginer que mes amis et ma famille seraient si déterminés à me voir échouer. Mais ce scénario explique aussi mes difficultés, car lorsque j'ai commencé à faire mes propres choix, ma vie s'est parfaitement alignée sur ce qui devait être mon destin.

Il est incroyable de voir à quel point les autres tenteront de vous en empêcher sur la base de rien d'autre que leurs suppositions négatives, mais il faut parcourir un long chemin pour s'en rendre compte, et rares sont ceux qui osent sortir des limites de leur zone de confort. J'ai goûté à l'amertume de la frustration qui accompagne la réalisation des rêves, car il est incroyable de profiter d'un endroit magnifique pour soi-même alors que les autres vous détestent pour cela.

La réalisation de mes rêves, l'accomplissement de tout ce que j'avais souhaité, n'a pas été le point culminant que j'attendais, mais le début d'un chemin nouveau et inattendu. J'ai soudain compris pourquoi tant de personnes qui atteignent le sommet du succès finissent par se taire et éprouver une joie qui ne peut être exprimée par des mots ou partagée de manière adéquate. J'ai réalisé que les gens ne reviennent généralement dans notre vie que lorsqu'ils veulent quelque chose de nous. C'est un constat triste, surtout lorsqu'il s'agit de personnes que l'on respectait auparavant.

On nous fait croire que notre vie est importante, que cela vaut la peine de poursuivre nos rêves, pour finalement être confrontés à la dure réalité de notre propre insignifiance et à l'obsession des autres à nous en empêcher. Nos vies sont importantes, certes, mais seulement dans la mesure où nous leur donnons notre propre sens et apprenons à nous aimer nous-mêmes, en recherchant une forme d'indépendance qui exaspère et défie les suppositions des autres.

Le chemin qui mène du rêve à la réalité exige que nous affrontions notre propre ignorance, que nous acceptions le changement et que nous restions fermes face aux critiques et à la jalousie. C'est un chemin qui, en fin de compte, nous conduit à une compréhension plus profonde de nous-mêmes et du monde qui nous entoure. Et c'est un chemin qui, malgré ses défis, vaut la peine d'être parcouru, car c'est la seule voie vers la véritable réalisation et le bonheur.

Chapitre 9 : Le prix du succès

Beaucoup de personnes que je connais à travers le monde me demandent encore quand j'ai l'intention de trouver un « vrai travail », comme si elles s'attendaient à ce que j'échoue et, d'une certaine manière, insinuaient que leur vie est meilleure que la mienne. Elles veulent vraiment dire cela parce qu'elles ne peuvent pas vivre avec la connaissance que je veux leur transmettre en pensant différemment d'elles. Accepter que nous échouons à cause de notre façon de penser est une réalité douloureuse que beaucoup ne parviennent pas à affronter et à accepter. Et pourtant, ils ne sont rien d'autre que le produit de leurs choix et pourraient mener une vie différente s'ils le voulaient.

La dernière fois que j'ai parlé à ma sœur, elle a insinué que j'étais une personne cruelle pour avoir quitté le pays afin de travailler sur un autre continent. Quand je lui ai fait remarquer qu'elle avait tout reçu, depuis des études dans une université privée jusqu'à un endroit où dormir, alors que j'avais été expulsé et que j'avais dû dormir dans la rue, et que malgré tout cela, je résolvais mes problèmes tout seul et qu'elle était la bienvenue dans mon nouvel appartement et mon nouveau pays, elle est partie en pleurant et en colère.

C'est incroyable de voir à quel point les gens réagissent avec colère à la vérité et veulent quand même vous faire culpabiliser pour leur égoïsme. Mes deux plus grandes erreurs dans la vie ont été d'espérer que les gens changent et d'attendre d'eux plus que ce qu'ils me montrent. J'ai dû perdre 20 ans de ma vie pour voir à quel point mon hypothèse était erronée. Cependant, la mort, le grand égalisateur, nous attend tous, nous rappelant avec dérision la futilité de nos efforts pour plaire aux autres et gaspiller notre existence dans un confort illusoire uniquement pour éviter les confrontations et les disputes.

Chaque fois que j'essayais de remettre en question mes intentions envers moi-même, la maladie me rappelait que mon existence pouvait prendre fin à tout moment. Alors pourquoi ne pas mourir en tant que personnalité et membre de la société avant de perdre ce corps ? Aujourd'hui, j'ai suffisamment accompli pour ne plus craindre la mort, mais cette acceptation de l'inévitabilité de ma fin m'a également permis d'apprécier davantage la vie et, par conséquent, d'être plus passionné, ambitieux et travailleur. Mais comme la plupart des gens sont animés par des forces opposées, ils ne comprennent pas pourquoi je suis ainsi. J'adore travailler parce que j'aime ce que je fais, que ce soit lire, faire des recherches ou simplement partager avec le monde des connaissances qui me survivront et aideront beaucoup de gens. J'ai une impulsion altruiste et empathique qui me pousse à ne pas vouloir que d'autres personnes souffrent comme j'ai souffert, mais à vouloir qu'elles trouvent mes informations pour s'aider elles-mêmes.

Je suis beaucoup plus ambitieux qu'avant, car j'ai appris à apprécier la liberté et je sais que plus j'aurai d'argent, plus vite je pourrai faire ce que je veux et moins la société m'imposera de restrictions. Dans de nombreux pays, il n'est pas possible d'obtenir un visa, une bonne chambre d'hôtel avec une grande piscine et un billet d'avion qui vous permettra de traverser des continents avec la mentalité d'un paysan et la perspective de pénurie d'un esclave de 9 à 5 avec seulement deux semaines de vacances par an.

Je suis plus passionné par ce que je fais parce que j'aime ma vie et ce que j'en fais. Au lieu de succomber aux normes, aux récits culturels et aux croyances illusoires, je fais mes valises et je pars quand je n'aime pas les gens que je rencontre et qu'ils me dégoûtent par leur attitude. C'est un luxe que beaucoup n'ont pas, alors ils compensent leur désavantage par la nécessité de faire preuve de tolérance, de patience et de pensée positive. Ces idées, et bien d'autres similaires, ont été créées pour satisfaire les faibles et les pauvres, car ils ne peuvent pas lutter contre le système dans lequel ils sont insérés.

Il en va de même lorsque les chrétiens disent qu'il vaut mieux être pauvre que riche, car ils n'ont eux-mêmes aucune idée de la manière d'acquérir la richesse, si ce n'est en pillant les ressources d'autres nations et leur or, comme le Vatican et les Européens le font dans le monde entier depuis deux mille ans au nom des valeurs chrétiennes. C'est un peuple stupide à grande échelle, qui promeut des idées stupides. Mais comme ils trouvent du réconfort dans le troupeau, comme un mouton ou une vache ordinaire, ils pensent que quiconque ne se conforme pas doit être un loup, un danger pour la société.

Il n'y a rien de plus démoniaque que l'imposition de dogmes qui sont fondamentalement faux et mènent à la misère, et c'est pourquoi le christianisme est une religion perverse et très maléfique. Le christianisme captive ses membres avec le même masque que le narcissique utilise pour manipuler ses victimes, et il n'est pas étonnant qu'il en soit rempli. En fait, une grande partie de mon apprentissage a consisté à éliminer le parasite chrétien qui était en moi. Ce n'est qu'alors que j'ai été libre de comprendre la vérité et que j'ai vraiment compris Dieu. Pourtant, je ne pouvais m'empêcher d'être admiratif chaque fois que je voyais un chrétien narcissique prier Dieu, car je me demandais vraiment ce qu'il ressentait dans son cœur, sans savoir qu'il priait son démon intérieur. Il n'y a en réalité aucune différence entre l'athée narcissique et le chrétien narcissique, si ce n'est que l'un pense que son esprit crée des pensées aléatoires qu'il peut ruminer, comme une vache rumine de l'herbe, et que l'autre pense qu'il parle aux anges.

Chapitre 10 : Le mirage de la vie

Le prix du succès est élevé et s'accompagne souvent d'un profond sentiment d'isolement et d'incompréhension de la part de ceux qui ne veulent pas ou ne peuvent pas voir le monde tel qu'il est réellement. Il faut une quête incessante de la vie. Cette attitude exige une recherche incessante de la vérité, une disposition à affronter sa propre ignorance et le courage de s'opposer aux récits et aux dogmes dominants qui cherchent à contrôler et à manipuler. Le succès dans sa forme la plus authentique n'a rien à voir avec la richesse ou le statut social, mais avec la liberté de vivre sa vie selon ses propres conditions, de poursuivre ses passions et d'avoir un impact significatif sur le monde. C'est un parcours qui exige des sacrifices et un engagement inébranlable envers ses valeurs et ses convictions. Et c'est un parcours qui, malgré ses défis, vaut chaque étape.

Nous ne devons rien à personne dans cette existence, sauf à nous-mêmes, et si nous ne parvenons pas à nous aimer et à trouver une vie qui nous permette de respecter notre propre existence, nous aurons échoué avec nous-mêmes. Personne ne nous jugera pour cela, sauf nous-mêmes, et nous nous en souviendrons chaque matin au réveil. En fait, ce n'est qu'après avoir lu les écritures hindoues que j'ai compris le sens de se soumettre à une puissance supérieure, car il ne s'agit pas de rechercher des règles et des rituels, mais de trouver notre vrai moi à l'intérieur de nous-mêmes.

Jusque-là, je me limitais encore à mes réalisations et je ne cherchais pas au-delà de ce royaume de possibilités. Je ne travaillais pas non plus pour Dieu, mais pour obtenir l'approbation de personnes qui ne se souciaient pas de mes réalisations, mais seulement de ce que je représentais pour elles. Il m'a fallu un certain temps pour comprendre cela, et ce n'est qu'alors que j'ai pu changer le contenu de mes pensées et devenir plus fluide dans la vie, en planifiant moins, en présumant moins des problèmes auxquels j'étais confronté et en me permettant d'explorer l'inconnu, ce grand vide que beaucoup évitent.

Il est paradoxal que plus on recherche ce qu'on évite, plus vite on se comprend et élimine la source de ses barrières mentales. Nos expériences les plus difficiles cachent souvent des leçons profondes sous leurs surfaces difficiles. L'une de ces leçons est la perception libératrice que nous ne sommes pas éternellement prisonniers de lieux ou de personnes qui ne résonnent pas dans notre âme ; nous avons le pouvoir de tracer notre propre chemin dans ce monde.

Ceux qui critiquent mes observations sincères n'ont généralement pas la liberté que procurent les longs voyages ni le courage de parler ouvertement de leurs propres expériences. Il est important de comprendre que le concept de « culture » peut parfois servir de masque, cachant un accord collectif sur des valeurs erronées - une démocratie d'esprits médiocres qui promeut une fierté nationale résistante à la critique et au changement.

En parcourant le monde, j'ai découvert des cultures qui, bien que riches en histoire et en traditions, m'ont laissé un sentiment de déception. J'ai rencontré des individus qui incarnaient systématiquement la grossièreté, la tromperie et le manque de respect. Il y a toujours eu des exceptions, mais elles n'ont pas changé le tableau général de mes expériences. Le racisme, par exemple, est un sous-produit de l'ignorance et du manque de conscience de soi. Il est tout aussi absurde que tragique que des personnes qui possèdent les caractéristiques physiques des groupes qu'elles méprisent - comme les Grecs, les Espagnols et les Croates qui ressemblent aux Arabes d'Afrique du Nord - affirment détester les musulmans parce qu'elles présument que tous les musulmans ne sont pas blancs et qu'elles-mêmes ne sont pas métisses. Cette illusion de supériorité est non seulement infondée, mais aussi profondément néfaste, car elle crée des divisions là où il devrait y avoir de l'unité.

Une autre des illusions les plus douloureuses de la vie est la croyance que nos amis et notre famille soutiendront inconditionnellement nos changements et nos aventures. La vérité révèle souvent une tendance à l'envie et à la compétition. Cette perception est une pilule amère à avaler, mais elle est essentielle à la croissance personnelle. La sagesse et la tromperie sont des compagnons constants dans notre cheminement spirituel, et nous devons apprendre à cohabiter avec les deux, en reconnaissant que le chemin vers l'Ascension est semé de trahisons, de mensonges et de manipulations.

Les gens peuvent implorer votre aide lorsqu'ils sont dans le besoin, mais vous mépriser lorsque vous demandez quelque chose en retour. Ils peuvent vous demander de l'argent, mais refuser de vous offrir un bol de riz ou un endroit où vous reposer. La véritable pauvreté, cependant, n'est pas le manque de biens matériels ; c'est le manque de gentillesse, de respect, de vérité et de décence humaine élémentaire. Certaines des personnes les plus misérables que j'ai rencontrées étaient aussi parmi les plus agressives, remplissant leur cœur de haine envers ceux qui ont plus, créant ainsi un cycle toxique de négativité. Aider ces personnes peut apporter un mauvais karma dans notre vie, car cela enfreint les lois divines.

Notre aide est mieux réservée à ceux qui en ont vraiment besoin : les handicapés, les malades, les personnes âgées, les enfants innocents et ceux qui sont eux-mêmes des aides. En aidant ceux qui méritent vraiment notre aide, nous cultivons un monde qui est non seulement plus compatissant, mais aussi plus aligné spirituellement.

Chapitre 11 : Les voiles de la réalité

Il est important de maintenir un équilibre entre ouverture et prudence, compréhension et discernement. Nous ne devons pas laisser les mauvaises surprises nous endurcir, ni les bonnes surprises nous rendre naïfs. Au contraire, nous devons nous efforcer d'apprendre de chaque expérience, de grandir à chaque défi et d'affiner continuellement notre chemin vers l'Ascension. Chaque pas que nous faisons, chaque choix que nous faisons, est une touche sur la toile de notre existence. Nous sommes les artistes, et il est en notre pouvoir de créer une vie de beauté, de sens et de vérité.

Le mirage de la vie, avec ses paysages en constante évolution et ses figures illusoires, peut être déroutant. Cependant, il nous invite également à regarder plus profondément, à rechercher la compréhension et à forger un chemin qui soit authentique et vrai. Le pouvoir de créer une vie pleine de joie et de sens ne réside pas entre les mains du destin ou de la chance, mais dans nos propres cœurs et esprits. En embrassant cette vérité, nous pouvons transcender les illusions qui nous retiennent et trouver la liberté de vivre une vie qui soit vraiment en harmonie avec notre âme.

En chemin, certaines personnes vous mépriseront parce que vous avez ce qu'elles n'ont pas et ignoreront les efforts que vous avez déployés pour y parvenir. D'autres vous détesteront parce que vous n'avez pas besoin d'eux pour accomplir des choses qu'ils ne peuvent pas faire. Certains vous détesteront parce que vous ne les avez pas aidés alors qu'ils n'ont rien fait pour le mériter. Et d'autres continueront à prétendre être quelqu'un qu'ils ne sont pas, gaspillant des années de leur vie avant que vous ne voyiez la vérité dans leur cœur. Mais, peut-être parce que je comprends cela si bien, je vois souvent les autres mieux que leurs propres proches.

Par exemple, j'ai rencontré une fois une Philippine dont j'ai décrit la mère comme méprisable, une femme qui n'aimait pas vraiment sa fille. Au début, la fille n'était pas d'accord, mais quelques mois plus tard, elle a avoué que sa mère l'avait traitée de « prostituée inutile » parce qu'elle sortait avec un étranger et n'envoyait pas d'argent à sa famille. Cette mère considérait sa fille comme une marchandise, un moyen de financer la misère de la famille. Ironiquement, être une « prostituée inutile » dans ce contexte signifiait se soumettre aux désirs de sa mère, ce qu'elle a fait par culpabilité.

La véritable pauvreté des Philippins n'est pas financière, mais spirituelle ; ils vivent dans un pays d'opportunités et pourtant, ils choisissent de manger des déchets et de la nourriture pour chiens. Si vous voulez voir la misère, allez aux Philippines. C'est l'une des cultures les plus misérables au monde, ravagée par la corruption et avec la pire nourriture d'Asie. Les fonctionnaires sont corrompus et exigent de l'argent pour faire leur travail, comme si payer pour quitter le pays n'était pas déjà assez scandaleux. Quelle raison quelqu'un aurait-il de visiter cette culture décadente de misère, de corruption et de désespoir ?

Les Philippins me demandent souvent si je crois aux zombies, comme s'ils n'étaient pas la deuxième meilleure option. Un autre niveau en dessous de leur pauvreté actuelle est le cannibalisme. Et bien que je n'aie pas vu le monde entier pour tirer des conclusions définitives sur une nation quelconque, je n'ai jamais rencontré une seule personne qui avait besoin d'argent et voulait travailler. Beaucoup pensent qu'ils devraient recevoir de l'argent uniquement à cause de leur mentalité ignorante et communiste.

Un autre Philippin a admis que sa famille lui avait demandé de partager sa richesse avec eux pour la simple raison qu'il en avait plus. Il était en colère parce qu'il avait travaillé très dur pour obtenir ce qu'il avait, allant même jusqu'à lire tous mes livres alors qu'il n'avait pas grand-chose à manger et que sa famille lui avait dit de ne pas le faire. Mais on ne peut pas respecter des gens qui essaient de vous empêcher d'avancer et qui veulent ensuite une part de vos résultats. Il a résolu la situation en déménageant dans une autre ville, loin d'eux, et en évitant les conversations gênantes en désactivant la communication en ligne. Pourtant, les gens trouvent offensant que vous leur disiez que vos résultats sont le fruit d'un travail acharné, car ce n'est pas la réponse qu'ils veulent entendre. Mais pourquoi mériteraient-ils plus que le mépris qu'ils manifestent envers les autres ?

Si je n'ai jamais rencontré une personne qui ait demandé de l'aide, mais qui veuille travailler, je dois dire que certains choix karmiques conscients mènent à la misère. Plus que le karma, c'est la cause directe de l'égoïsme qui conduit les gens à la misère. Par exemple, j'ai un jour donné de l'argent à un Américain pauvre en Macédoine et, après lui avoir donné assez pour un repas, il m'a dit avec arrogance que ce n'était pas beaucoup et m'a ridiculisé. J'ai regretté de l'avoir aidé, car une âme aussi décadente ne mérite rien.

Il est également fascinant de constater que certaines personnes ne se souviennent de nous que lorsqu'elles sont au chômage, puis nous ignorent lorsqu'elles se rendent compte que nous ne leur donnons pas ce qu'elles veulent. Elles prouvent qu'elles n'ont pas changé leur nature malgré les leçons de la vie et nous montrent qu'elles ne méritent pas le pardon, même dans leurs pires moments. Et il y a des situations qui dépassent mon entendement, comme lorsque j'ai aidé un père de deux jeunes enfants à trouver un emploi afin que sa famille puisse avoir un endroit où vivre. Après avoir obtenu l'emploi, il a déclaré qu'il avait seulement fait semblant d'être mon ami pour l'obtenir. Je l'ai aidé avec la bonté de mon cœur pour m'assurer que ses enfants aient de quoi manger, mais j'ai été profondément déçu par son attitude. Même ses propres enfants appréciaient davantage les nombreux cadeaux que je leur offrais.

Chapitre 12 : Le miroir de l'introspection

Les illusions de l'existence obscurcissent souvent la véritable nature des gens et du monde qui nous entoure. Grâce à notre discernement et à notre volonté de regarder au-delà des apparences, nous pouvons commencer à comprendre la complexité du comportement humain et les motivations qui nous animent. En reconnaissant les illusions qui obscurcissent notre jugement, nous pouvons faire des choix plus éclairés et relever les défis de la vie avec plus de clarté et de sagesse.

Nous sommes définis par les choix que nous faisons, mais sans les connaissances adéquates, il peut être très long de trouver la bonne voie dans la vie. Pendant longtemps, je ne pouvais que contempler la possibilité de ce qui semblait logiquement impossible. J'étais frustré et déprimé, mais je ne pouvais rien faire d'autre que travailler davantage. Personne ne m'aiderait à sortir de cette situation, même s'il le pouvait. Les gens aiment leur supériorité et, par conséquent, n'aiment pas aider les autres.

La grande illusion qui m'emprisonnait était celle selon laquelle mes amis et ma famille voulaient me voir réussir, et non rester en dessous d'eux et lutter pour survivre pendant qu'ils obtenaient davantage. Même lorsque je leur demandais de partager leurs expériences dans d'autres pays, ils ne le faisaient pas, comme si le fait de partager leur bonheur avec moi leur enlevait en quelque sorte leur sentiment de supériorité à mon égard.

Il m'a fallu beaucoup de temps pour comprendre que l'illusion fondamentale de la vie vient de ceux que nous considérons comme des amis et des membres de notre famille, mais qui cachent en eux les germes de la jalousie et de la compétition, même lorsque nous les aidons à devenir de meilleures versions d'eux-mêmes. Cette expérience me rappelle une personne célèbre qui a déclaré avoir beaucoup appris de mes livres et s'être enrichie grâce à ces informations, mais qui a créé un groupe de réflexion pour partager mes idées avec ses followers comme si elles étaient les siennes. Il sait ce qu'il fait, mais il aime la célébrité et les mensonges qu'il partage, malgré toute l'aide qu'il a reçue. C'est vraiment dégoûtant de voir quelqu'un utiliser les réponses qui l'ont sauvé pour devenir une personne pire, mais je vois cela tout le temps.

La seule solution pour éviter ces personnes est de ne rien partager et de maintenir le monde entier dans l'ignorance. Mais nous n'avons pas toujours cette option, à moins de vouloir créer une société secrète autour du savoir. Et même dans ces cas-là, comme je l'ai découvert, les serpents trouvent toujours un moyen d'entrer et d'expulser ensuite ceux qui devraient avoir accès à l'information.

La sagesse est toujours associée à l'illusion sur le chemin de notre ascension, et nous devons cohabiter avec ces deux états d'esprit si nous voulons poursuivre ce voyage dans un monde moralement décadent, enclin à la trahison, au mensonge et à la manipulation. Les gens implorent de l'aide quand ils en ont besoin, mais ils vous méprisent quand vous demandez quelque chose en retour, même si c'est juste un endroit où dormir la nuit, même si vous ne demandez rien d'autre que le sol du salon et une couverture. Ils demandent de l'argent, mais ne vous donnent pas un bol de riz ou un morceau de pain. Ils ne donnent rien, mais demandent tout, et c'est pourquoi je crois que la véritable pauvreté n'est pas de ne pas avoir assez à manger, mais de ne pas partager.

Les personnes les plus misérables que j'ai rencontrées dans ma vie étaient également parmi les plus agressives, et personne ne mérite davantage sa misère que ceux qui l'incarnent. Si vous remplissez votre cœur de haine envers ceux qui ont plus que vous, comment pouvez-vous espérer obtenir de l'aide de la part de personnes que vous critiquez et maltraitez constamment ? Je n'ai jamais eu envie de partager quoi que ce soit avec ceux qui me manquent de respect. Je les laisse penser ce qu'ils veulent de moi, car leur opinion n'a aucune importance. Si quelqu'un n'a pas la décence de parler normalement, cette personne n'a aucune valeur à mes yeux.

La seule aide que vous pouvez apporter à un adulte pleinement fonctionnel est un emploi. Mais je n'ai jamais rencontré un adulte sain d'esprit qui avait besoin d'argent et qui acceptait un emploi. C'est peut-être le meilleur indicateur qu'ils ont créé leur propre karma. Nous avons tous besoin de quelqu'un pour nettoyer notre appartement, laver nos vêtements, cuisiner pour nous, promener nos chiens, garder nos enfants, nous aider à faire les courses, laver notre voiture ou, au moins, nous donner de l'eau fraîche à boire. Il existe de nombreuses façons pour les gens de gagner de l'argent s'ils veulent travailler. Mais s'ils veulent plus que cela, ils doivent nourrir leur cerveau d'idées auxquelles ils adhèrent.

L'une des façons de valider mes rêves a été de chercher des réponses dans des réalités parallèles pour lesquelles j'étais prêt à travailler. Je m'imaginais dans un univers alternatif avec ce que je recherchais, puis je demandais à mon autre moi si c'était vraiment ce que je voulais. Cet exercice m'a ouvert l'esprit à une meilleure compréhension de ma vraie nature. Par exemple, je ne veux plus de richesse qui ne soit pas en accord avec une vie bien équilibrée, une vie où cette richesse est le reflet de ce que je veux faire, et non de ce que je dois faire pour l'acquérir. Au lieu de cela, je me concentre sur des réalités qui reflètent exactement le type de vie avec lequel je veux me synchroniser. Il existe tellement de mondes alternatifs qu'il n'y a pas de limite à ce que nous pouvons apprendre de nos autres moi dans ces mondes.

Chapitre 13 : Le chemin vers l'authenticité

Le potentiel de voir plus loin m'a amené à ignorer les préjugés, les ressentiments et les questions inutiles des autres. Leurs esprits limités ne peuvent pas comprendre la portée de ce que je réalise, c'est un mystère pour eux qu'ils ne peuvent pas comprendre, alors ils ont recours à des insultes et à des accusations de tromperie. Même lorsqu'ils sont témoins de mon travail, ils restent incrédules parce que leur esprit est limité à un éventail restreint de possibilités, et c'est pourquoi ils accomplissent si peu. L'introspection est un luxe qu'ils ne peuvent s'offrir, mais vous n'êtes jamais plus grand que vos rêves et les histoires que vous vous racontez sur qui vous êtes et ce que vous pouvez accomplir.

L'introspection est un outil puissant qui nous permet d'examiner nos pensées, nos sentiments et nos actions, et de prendre des décisions conscientes sur le cours de notre vie. En nous engageant dans l'introspection, nous pouvons acquérir une compréhension plus profonde de nous-mêmes et prendre des décisions plus éclairées sur les chemins que nous choisissons de suivre. Grâce à ce processus, nous pouvons apprendre à nous faire confiance, à écouter notre sagesse intérieure et à créer une vie qui correspond à notre vraie nature et à nos désirs les plus profonds.

Il n'y a pas de sens plus profond à la vie sans une profonde contemplation de notre immortalité, car ce que nous sommes aujourd'hui n'est qu'un aperçu de ce que nous pouvons devenir demain, façonné par ce que nous étions hier. Malgré nos revers dans la vie, nous sommes nés avec une immense source de connaissances en nous. Notre cheminement spirituel est aligné sur les paradigmes formés dans nos vies antérieures. Par conséquent, si nous voulons vivre pleinement une vie, nous devons essayer d'accomplir les leçons karmiques qui nous sont présentées le plus rapidement possible.

Voici un exemple de la façon dont j'ai procédé : ma première leçon m'a été donnée par ma famille, qui ne m'aimait pas. J'ai dû compenser ce karma en apprenant à aimer ma propre existence, sans avoir besoin d'être validé par les membres de ma famille. Ce processus est devenu plus facile lorsque j'ai réalisé que je ne serais jamais aidé par des personnes qui, fondamentalement, n'avaient aucune empathie. Cependant, j'ai dû reconstruire mon sens de la famille pour comprendre cela, en passant d'un sentiment d'appartenance à un sentiment de réciprocité.

La deuxième leçon m'a été donnée lorsque j'ai dû renoncer à mes rêves et à mes biens d'enfance lorsque je suis devenu sans-abri. Cette leçon m'a obligé à regarder en moi-même et à réapprendre à réévaluer mon identité en fonction de qui je suis et de ce que je peux obtenir de la société, et non en fonction de ce que je possède.

J'ai passé les années suivantes à travailler dur pour reconstruire ma vie.

La troisième grande leçon m'est venue lorsque j'ai pris conscience des limites de ma capacité à travailler dur et à apprendre beaucoup. La seule alternative qui me restait était d'utiliser ma capacité spirituelle pour transformer ma réalité en utilisant ce que beaucoup appellent la magie. Je l'ai fait efficacement et j'ai créé la vie dont je rêvais. Après cela, j'ai répété le processus plusieurs fois jusqu'à ce que j'arrive à une autre leçon importante : la capacité de détruire intentionnellement mes propres réalisations.

La cinquième et dernière leçon m'est venue sous la forme du détachement et de la solitude. Après m'être guéri et avoir trouvé la joie dans la solitude, je suis passé à l'étape suivante, ce qui est assez évident puisque les ventes de mes livres ont été multipliées par dix depuis lors. L'argent vient toujours en abondance lorsque vous surmontez des aspects cruciaux de vos leçons spirituelles.

Une autre chose que j'ai remarquée dans ma vie, c'est qu'elle semblait stagner jusqu'à ce que je réalise que je devais devenir écrivain. Après cela, tout s'est passé très vite, comme si quelqu'un avait mis le film de mon existence en accéléré. Cela montre que lorsque vous êtes en phase avec votre objectif, les choses sont plus faciles pour vous. Et vous saurez ce que c'est lorsque vous trouverez quelque chose qui vous fera aimer votre vie. C'est essentiellement ainsi que j'ai trouvé ma joie dans le partage de mes connaissances avec le monde.

Je crois que tout le monde n'a pas besoin de voir la même chose, car nous sommes tous à des stades différents de notre âme, mais l'amour est à la fois le catalyseur et le point culminant de ce voyage ; c'est la force qui nous pousse à aller de l'avant, qui nous oblige à rechercher le sens de notre existence et qui, en fin de compte, nous permet d'apprendre sur notre nature, surtout quand il n'y en a pas, nous forçant à apprendre à nous aimer nous-mêmes.

En conséquence, j'écris parce que je suis ainsi et parce que j'honore mon existence pour moi-même, et non parce que j'ai besoin de m'expliquer aux autres. Je ne peux expliquer à personne pourquoi je suis écrivain. La question n'a pas de sens et vient d'un vide spirituel où tout a besoin d'une raison extérieure parce que les gens ne savent pas être eux-mêmes. Ils ne comprennent pas qu'ils posent les mauvaises questions parce qu'ils ne comprennent pas que nous sommes engagés dans un voyage spirituel à travers de nombreux corps et expériences. C'est au cours de ce voyage que nous trouvons le sens de la vie, le but de notre existence et l'essence de l'amour - tout cela se manifeste comme une seule chose en nous.

Chapitre 14 : Transformation intérieure

L'essence même de mon être a été gravement endommagée et presque détruite, mais je l'ai reconstruite méticuleusement, pièce par pièce, à partir des vestiges de mon passé. Je me suis rapidement remis avant qu'un automatisme naturel ne s'empare de moi, comme si je cherchais une pièce manquante en moi et que je l'avais trouvée la première fois que j'ai médité.

Si l'on en croit ma mère, je suis un démon, une créature de l'enfer, mais j'ai réalisé que le véritable enfer et la véritable source de misère, c'est l'ignorance. Après avoir compris cela, j'ai compris que pardonner aux imbéciles ne signifie pas les aimer, mais simplement les laisser sortir de son esprit afin que de meilleures choses puissent l'occuper.

Il est intéressant de noter que ceux qui se sentent le plus coupables essaient de projeter cette culpabilité sur nous, comme s'ils avaient désespérément besoin que nous souffrions pour ce qu'ils ont fait. Une telle absurdité ne peut se trouver que dans l'esprit des fous, et comme je l'ai appris, ils sont nombreux. La plupart des gens sont plus déterminés à expliquer et à rationaliser leur folie qu'à apprendre et à changer. Si quelqu'un ne croit pas que j'en sais plus que lui, la conversation se transforme en un jeu enfantin pour savoir qui a raison et qui a tort.

Peu de gens ont le courage d'affronter la vérité et la souffrance que cela implique, car la vérité est souvent douloureuse, et reconnaître nos erreurs de longue date est une tâche profondément spirituelle à laquelle peu de gens sont préparés. Un thérapeute ordinaire ne pourra contourner cette question dans sa pratique que s'il n'est pas capable d'accepter la nature spirituelle du patient.

Le chemin vers l'authenticité est un voyage de découverte et d'acceptation de soi. Il exige que nous affrontions nos peurs, nos insécurités et nos erreurs passées. Il exige que nous embrassions notre véritable moi, même si cela signifie mettre de côté les attentes et les jugements des autres. C'est un chemin qui nous conduit à une compréhension plus profonde de notre raison d'être et de notre place dans l'univers. Et c'est un chemin qui, en fin de compte, nous permet de vivre une vie fidèle à qui nous sommes et à ce en quoi nous croyons.

Pour beaucoup de gens, la recherche de la spiritualité est souvent considérée comme une solution plus facile et plus simple à leurs problèmes, mais ce n'est pas le cas. Rien ne peut remplacer le pouvoir de l'expérience personnelle et son effet sur notre esprit et notre réalité. La carte de la Tour du Tarot illustre bien cela, car elle est précédée par le Diable (XV), qui représente les attachements matériels, les tentations et le sentiment d'être prisonnier ou limité par les circonstances. Elle est suivie par l'Étoile (XVII), qui apporte l'espoir, le renouveau et un sens de l'orientation après l'agitation.

La carte de la Tour symbolise un changement soudain ou une rupture importante dans la vie d'une personne. Elle peut représenter la destruction d'anciens schémas ou structures pour faire place à de nouveaux départs. Ainsi, la Tour est une carte puissante qui peut être perturbante, mais qui, en fin de compte, conduit à la transformation et à la croissance. Elle nous dit que nous devons permettre la destruction de l'ancien moi et de tout ce qu'il représente et renforce, y compris la perte d'amis, de loisirs et d'habitudes, avant de pouvoir embrasser une existence meilleure. Ce n'est qu'alors, après être devenu une nouvelle personne, que vous pourrez trouver l'étoile qui vous guidera vers la destination souhaitée.

Il s'agit là d'une analogie puissante avec le parcours du héros que l'on retrouve dans les films et la littérature, où le héros doit perdre tout ce qu'il avait avant de trouver une nouvelle voie pour lui-même. Et pourtant, elle est motivée par une force sombre, symbolisée dans le tarot par le Diable : la perte d'harmonie et la décadence provoquées par nos attachements. C'est pourquoi vous devez rechercher l'introspection et l'honnêteté pour vous comprendre vous-même avant de connaître votre chemin. En fait, la cartomancie a plus à voir avec votre façon de penser qu'avec votre avenir.

Il est facile de prédire l'avenir si vous connaissez vos schémas de pensée. Le véritable défi consiste à changer vos schémas de pensée pour changer votre avenir. Il est si rare de trouver quelqu'un qui possède cette capacité que les personnes qui me tirent les cartes sont souvent déconcertées par la rapidité avec laquelle je parviens à changer mon propre avenir et à le rendre imprévisible. Je le fais en sachant que c'est moi qui crée mon avenir, et non les cartes ou toute autre force extérieure.

Le véritable changement vient de l'intérieur, grâce à la volonté d'affronter les vérités dérangeantes sur nous-mêmes et nos vies. Mais l'un des plus grands défis dans ce processus est notre tendance à nous accrocher à nos propres récits et perceptions, même lorsqu'ils sont en contradiction avec la réalité. Souvent, nous construisons des histoires élaborées pour nous protéger de la douleur de reconnaître nos erreurs, nos échecs et nos défauts. Cette auto-tromperie peut se manifester de différentes manières, allant du déni de la véritable nature de nos relations à la justification de notre propre comportement contraire à l'éthique ou préjudiciable.

La voie vers la croissance et l'épanouissement réside dans la volonté d'abandonner ces récits fallacieux et d'accepter la vérité telle qu'elle est. Cela peut être un processus extrêmement difficile et inconfortable, car il nous oblige à affronter les parties les plus profondes de nous-mêmes, dans l'obscurité et les profondeurs de notre subconscient, les parties que nous avons longtemps essayé de cacher ou d'ignorer.

Chapitre 15 : La métamorphose de l'âme

En confrontant notre subconscient et la nature de notre caractère, nous pouvons commencer à découvrir les causes profondes de nos luttes, les schémas et les croyances qui ont façonné notre vie sans que nous en ayons conscience. En mettant en lumière ces aspects cachés de nous-mêmes, nous ouvrons la porte à une transformation profonde et à la possibilité d'une véritable guérison. Le fait de confronter la vérité peut entraîner un changement profond dans notre perspective, nous permettant de voir le monde et notre place dans celui-ci avec plus de clarté et de nuance. Nous pouvons en venir à reconnaître les façons dont nos propres préjugés et suppositions ont façonné notre compréhension de la réalité et de notre destin, et nous pouvons commencer à remettre en question ces préjugés dans la recherche d'une existence plus authentique et plus significative.

Selon les mots du philosophe Sénèque, « Ce n'est pas parce que les choses sont difficiles que nous n'osons pas, mais parce que nous n'osons pas qu'elles sont difficiles ». C'est en étant prêts à affronter nos peurs et à accepter l'inconnu que nous pouvons libérer le véritable potentiel de notre vie et tracer un chemin qui soit significatif et conforme à notre volonté personnelle. C'est un choix qui exige du courage, de la vulnérabilité et la volonté d'affronter les recoins les plus sombres de notre propre psyché. Mais c'est à travers cette confrontation que nous pouvons espérer atteindre la véritable connaissance de soi.

Comme l'a fait remarquer Carl Jung, « Tant que vous ne rendez pas conscient l'inconscient, il gouvernera votre vie et vous l'appellerez destin ». En plongeant dans les recoins les plus sombres de notre esprit, nous pouvons commencer à comprendre les forces qui façonnent nos pensées, nos émotions et nos comportements, et ainsi prendre le contrôle de notre propre destin. Le changement que nous souhaitons voir dans le monde doit d'abord se produire dans nos propres cœurs et esprits. Comme l'a dit un jour Carl Jung : « Ceux qui regardent à l'extérieur rêvent ; ceux qui regardent à l'intérieur se réveillent ».

En affrontant nos propres contradictions et limites, nous ouvrons la voie à une compréhension plus profonde de nous-mêmes et du monde qui nous entoure. Au cours de ce voyage, nous découvrirons des aspects de nous-mêmes qui nous remplissent de fierté et d'autres qui nous remplissent d'une profonde honte, mais c'est à travers ce processus d'acceptation et d'intégration de toutes les parties de notre être que nous pouvons atteindre une véritable authenticité.

La transformation intérieure n'est pas un chemin direct ou facile, mais elle est nécessaire pour ceux qui cherchent à mener une vie pleine de sens, de signification et d'épanouissement véritable. En acceptant ce voyage intérieur, nous pouvons libérer le pouvoir de façonner notre propre destin et de créer une vie qui reflète l'essence de qui nous sommes vraiment.

Ceux qui cherchent à s'élever se sentent souvent étrangers, incompris et même persécutés par ceux qui craignent le changement ou se sentent menacés par des vérités supérieures. Cependant, comme l'a dit Friedrich Nietzsche : « Ceux qui ont une raison de vivre peuvent supporter presque tout ». Ceux qui sont guidés par des idées peuvent se transformer eux-mêmes et transformer la réalité qui les entoure.

Chaque individu naît dans un contexte unique, avec des défis et des avantages spécifiques. Cependant, nous ne sommes pas limités par nos circonstances extérieures ; nous ne sommes limités que par ce que nous savons et par notre détermination à rechercher des voies alternatives. De plus, l'expérience m'a montré que l'intensité émotionnelle et la perspective unique qui accompagnent souvent ce que la société appelle la « folie » sont des catalyseurs plus susceptibles de mener à une transformation profonde, à l'expression artistique et à des formes innovantes de faire progresser la société. L'art, tout comme l'imagination, n'est pas seulement un moyen d'expression personnelle, mais une force vitale dans l'évolution de la conscience humaine.

Nous nous élevons grâce aux formes innovantes de pensée que nous partageons les uns avec les autres. Toute œuvre d'art, qu'il s'agisse d'un livre, d'une pièce musicale ou d'une peinture, a le potentiel d'être un tournant dans la vie de quelqu'un, en offrant de nouvelles perspectives, en remettant en question les suppositions et en élargissant les horizons. Cela nous amène à remettre en question nos choix et ce que signifie être humain dans cet univers vaste et complexe. Ce faisant, nous découvrons non seulement davantage sur le monde qui nous entoure, mais aussi les profondeurs inexplorées qui se trouvent en nous.

Avec le temps, nous comprenons la signification de ce processus. Le véritable miracle ne réside pas dans les manifestations extérieures de nos désirs, mais dans la transformation intérieure qui s'est opérée. J'ai appris que la connaissance, aussi vaste et profonde soit-elle, n'est qu'un outil. Sa véritable valeur réside dans la manière dont nous l'utilisons pour grandir, pour nous connecter aux autres et pour apporter une contribution positive au monde qui nous entoure. Il n'est pas très judicieux d'accumuler simplement des informations qui ne sont pas utilisées ou qui ne servent qu'à atteindre nos objectifs personnels.

Le voyage le plus transformateur est celui que vous entreprenez à travers la transformation de votre personnalité et de votre caractère. Ce voyage, bien qu'intégré à l'aventure de parcourir des chemins inconnus dans la vie, vous conduit à une existence plus significative, alignée avec le but spirituel de votre vie sur cette Terre.

Chapitre 16 : Le chemin invisible vers la plénitude

Aujourd'hui, je repense à mon parcours avec un mélange d'admiration et d'humilité. J'admire ce que j'ai accompli grâce au pouvoir d'un désir concentré et d'une intention alignée, mais je me sens également humble face au mystère qui entoure encore de nombreux aspects de l'existence et aux nombreuses bénédictions inattendues du royaume divin que je ne pouvais ni prévoir ni imaginer. C'est pourquoi je continue à apprendre, à grandir et à partager, sachant que chaque jour apporte de nouvelles opportunités de découverte et de transformation. J'accepte le mystère de l'inconnu comme la meilleure chose de la vie. En fait, je plains ceux qui me posent systématiquement des questions, en supposant que les réponses se limitent à leur interprétation de la réalité. Les gens voient très peu lorsqu'ils attendent beaucoup.

Les plus grandes réalisations que j'ai accomplies pour moi-même se situent dans le domaine de l'invisible, qu'il s'agisse d'imaginer des choses que je ne me voyais pas réaliser, comme la richesse inattendue et le soutien que j'ai reçus, ou encore lorsque des chiens, des oiseaux et des chats errants sont venus me tenir compagnie dans mes moments les plus solitaires. En Lituanie, des oiseaux sont venus manger dans ma main et chanter pour moi pendant que je mangeais un croissant dans les rues les plus animées. En Albanie, des chiens errants locaux sont venus vers moi alors que je regardais seul le magnifique coucher de soleil de Sarandë. Et en Grèce, des chats sont venus vers moi sur la plage alors que je me détendais au son des vagues. En ce sens, la nature m'a donné un équilibre naturel pour m'aider à contempler la beauté de l'existence et m'encourager à poursuivre mon voyage.

La solitude m'a également permis d'apprécier davantage les sons du vent et les rayons de soleil sur mon visage, en particulier lorsque je pensais que ma vie touchait à sa fin. Mais à mesure que je m'enfonçais davantage dans l'autre monde, j'étais également attiré par de nouveaux messages d'espoir. C'était comme si on me disait que le voyage qui m'attendait était rempli de bénédictions inattendues. Et c'était certainement vrai, car j'allais bientôt voir mon compte bancaire recevoir des sommes d'argent inattendues qui me permettraient de repenser mes priorités et de me concentrer sur ma guérison.

Ces choses et bien d'autres dans ma vie semblent impossibles et incompréhensibles pour beaucoup de gens qui ne les ont jamais vécues. Mais pour moi, cela fait partie de mon existence, même si j'ai rejeté ces manifestations pendant de nombreuses années en raison du conditionnement créé par mes propres parents et renforcé par le reste de ma famille, qui me considéraient comme fou. Cela n'aide pas lorsque le reste de la société nous étiquette de la même manière et nous rabaisse même parce que nous sommes différents d'eux, bien que d'une manière bien supérieure.

Je n'ai trouvé la reconnaissance de ma nature spirituelle que parmi les dirigeants des organisations les plus importantes, car le reste du groupe m'enviait et me détestait pour des qualités qu'ils ne possédaient pas, mais qu'ils avaient tenté d'acquérir au prix de nombreuses années d'efforts et d'études assidues. Malheureusement, la plupart d'entre eux percevaient mes qualités comme une menace pour leur façade, plutôt que comme un moyen de s'améliorer plus rapidement, ce qui m'a fait perdre l'intérêt que j'avais auparavant pour de nombreuses religions.

Embrasser la transformation ne consiste pas seulement à changer nos circonstances extérieures ; il s'agit de changer notre paysage intérieur, et nous l'apprenons certainement lorsque les autres ne nous permettent pas de partager leur chemin, que ce soit par envie ou par esprit de compétition. Ce paysage intérieur, s'il n'est pas correctement nourri, peut être contaminé par des peurs, des insécurités et le reflet de nos erreurs passées, raison pour laquelle la religion, la plupart du temps, nous fait reculer avec des faussetés et ne répond à rien de vital qui puisse nous aider à nous élever spirituellement.

On comprend cela lorsqu'on se rend compte que la transformation intérieure exige que nous abandonnions les attentes et les jugements des autres et que nous traçons un chemin qui soit fidèle à qui nous sommes et à ce en quoi nous croyons, même lorsqu'il n'y a personne autour de nous qui puisse nous aider à justifier, expliquer et valider nos choix. En embrassant ce parcours, nous pouvons trouver le courage d'être nous-mêmes, de nous aimer et de créer une vie authentique, significative et vraie.

Ce chemin n'est pas linéaire, et les revers font naturellement partie du processus. Mais en acceptant l'inconnu et l'inattendu, nous nous ouvrons à la possibilité d'une véritable croissance. Nous nous libérons des couches de conditionnement et d'attentes qui nous ont été imposées par la société et notre éducation, et nous découvrons l'essence de qui nous sommes vraiment. En nous engageant dans cette voie, nous pouvons mener une vie en accord avec nos valeurs et nos aspirations les plus profondes et apporter une contribution positive au monde qui nous entoure.

Chapitre 17 : Le pouvoir du changement positif

J'ai appris à apprécier les illusions que j'avais créées comme une forme d'auto-thérapie, m'aidant à me déconnecter de la réalité qui me causait une immense dépression et sapait ma volonté de vivre. Je ne savais pas encore que cette habitude élèverait ma vibration à un état de conscience supérieur et attirerait des opportunités apparemment impossibles dans ma vie. C'est alors que j'ai attiré de l'argent pour la première fois et, depuis lors, je ne suis pas surprise lorsque j'en attire davantage lorsque j'en ai besoin. Cependant, l'argent en soi n'est pas et n'a jamais été le but, et c'est là que beaucoup de gens se retrouvent coincés. Ils sont trop obsédés par l'acquisition d'argent au lieu de trouver un but pour l'utiliser.

Vous avez plus de chances d'attirer l'argent si vous l'utilisez pour faire des dons plutôt que pour vous-même, et vous avez également plus de chances d'attirer l'argent si vous avez un but qui transcende votre propre plaisir et s'étend au domaine des possibilités et à ce que vous pouvez faire pour améliorer votre vie, qu'il s'agisse de trouver un meilleur emploi ou d'entreprendre un voyage spirituel.

Lorsque nous prêtons attention à ces lois, nous découvrons qu'elles sont justes. Dieu n'aide pas les égoïstes, peu importe leur dévotion à leur religion ou l'intensité de leurs prières. Les égoïstes finissent dans un état de dégradation spirituelle, un enfer qu'ils ont eux-mêmes créé, où ils ressentent la souffrance des autres comme si c'était la leur. Cet enfer n'est pas un lieu de flammes, mais une boue où la dégradation devient vous-même et où vous faites partie de la douleur que les autres ressentent. Il a les mêmes caractéristiques que le paradis, mais à l'inverse.

D'une certaine manière, la Terre est une forme d'enfer, bien qu'il s'agisse d'un état de permanence éternelle pour ceux qui n'ont pas d'empathie. C'est pourquoi, quand quelqu'un me demande si je crois en l'enfer, je réponds que nous y sommes déjà. Il n'est pas possible de le reconnaître si vous êtes dans un état d'esprit d'acceptation de ce qui est censé vous propulser vers l'avant et vers des mondes meilleurs. C'est la perversité que les penseurs positifs cachent généralement dans la décadence de leur âme, masquée derrière les façades sociales d'un état spirituel supérieur qu'ils ne possèdent pas.

Il existe des mondes meilleurs, et ces mondes sont notre Ciel, un état normal pour ceux qui ne trouvent pas leur place ici. Cependant, ce ciel serait difficile à accepter pour les nombreuses âmes sur Terre qui sont immorales, égoïstes, envieuses et qui incarnent des pensées et des sentiments mauvais envers les autres. La Terre est le royaume parfait pour ceux qui ne veulent aller nulle part ailleurs parce qu'ils ne sont pas prêts, et c'est pourquoi ils continuent à s'y réincarner, à la recherche de réponses qui n'apportent pas de solution efficace à l'esprit.

Cette affirmation devient évidente quand on observe que cette planète est magnifique et pleine de ressources, mais que les gens la transforment en un puits de souffrance en obligeant tout le monde à payer pour y vivre. Il y a de grandes quantités de terre et une énergie illimitée, mais nous devons payer pour manger et utiliser cette énergie gratuite. Quand j'étais enfant, je rentrais souvent à la maison avec les sacs de courses et l'argent parce que j'oubliais toujours de payer. Les gens pensaient que je volais ou que j'avais un problème mental, mais personne ne m'a jamais demandé pourquoi je faisais cela. La vérité est que cela n'avait aucun sens pour moi de devoir payer pour me nourrir. En fait, il n'y a que sur Terre que les gens doivent payer pour rester en vie.

Il n'y a pas un tel manque de compassion et d'empathie sur d'autres planètes plus évoluées. Les personnes très spirituelles ne laissent pas les autres mourir de faim et souffrir, et ne songent pas à leur faire payer leur nourriture. Et où en sommes-nous arrivés, depuis le temps où nous puisions l'eau dans une rivière jusqu'à aujourd'hui, où nous devons payer des bouteilles au supermarché parce que nous ne pouvons plus boire l'eau du robinet ? Des milliers d'années d'évolution n'ont servi à rien. Nous transportons toujours de l'eau avec nous, mais nous payons désormais pour de l'eau minérale de source que nous pourrions obtenir gratuitement. Mais bien sûr, les gens ne voient pas les incohérences et la folie dans leur perception de leur vie, car elles s'inscrivent parfaitement dans ce mécanisme. Il est impossible pour un esprit de bas niveau de voir son propre enfer, car il l'a accepté comme normal, et cet enfer est le reflet parfait de son moi intérieur.

Heureusement, il existe toujours des portails qui nous permettent d'accéder à de nouvelles réalités, et c'est là tout l'intérêt de créer son propre chemin au sein de ces royaumes. Vous pouvez toujours vous améliorer et accéder à des états d'existence supérieurs. Nous pensons que cela signifie être riche parce que nous ne connaissons pas d'autre moyen. Ce serait comme il y a mille ans, quand on pensait qu'il fallait être un psychopathe pour être roi, parce que la loi du sabre était le seul moyen connu d'obtenir le pouvoir. Mais j'ai fini par comprendre que rêver n'est pas seulement une fuite de la réalité, mais un moyen de nous comprendre nous-mêmes et notre place dans le monde. Il façonne notre existence, mais aussi les expériences qui se présentent sur notre chemin pour nous en apprendre davantage sur qui nous sommes et ce que nous pouvons faire. C'est un acte de foi, une déclaration à l'univers sur ce que nous voulons manifester dans notre vie et ce que nous sommes prêts à faire pour y parvenir, même si nous ne savons pas quels défis nous attendent ni à quel point nous sommes capables de les surmonter.

Chapitre 18 : Réinvention et vérité

Au fil des ans, j'ai appris à apprécier les hauts et les bas de la vie, en reconnaissant que les deux font partie intégrante d'une existence riche et authentique. Je ne laisse plus les autres me définir par les défis auxquels je suis confrontée, car je sais que je peux les surmonter si je me concentre sur l'avenir. Cela inclut tout, de mon apparence à ma richesse. Souvent, les gens sont surpris lorsqu'ils voient mes photos récentes ; je suis complètement différent de ce que j'étais il y a six mois. J'ai perdu beaucoup de poids et j'ai l'air beaucoup plus jeune, comme si j'avais remonté le temps de dix ans, mais je mange plus qu'avant.

Cette transformation est la preuve du pouvoir de manifester nos désirs par une intention ciblée et une action alignée. Il ne s'agit pas d'obtenir une validation extérieure, mais de cultiver un profond sentiment d'utilité et de connexion avec quelque chose de plus grand que nous-mêmes. En embrassant ce parcours, nous pouvons trouver le courage de nous aimer nous-mêmes et de créer une vie authentique, significative et vraie.

Le pouvoir de la transformation positive réside dans notre capacité à voir au-delà des limites de notre réalité actuelle et à envisager un avenir qui correspond à nos valeurs et à nos aspirations les plus profondes. Il s'agit de reconnaître que nous avons le pouvoir de façonner notre propre destin et de créer une vie qui reflète l'essence de qui nous sommes vraiment. Et pourtant, peu importe ce que nous apprenons, le fait d'avoir plus de connaissances et d'expérience ne change pas la nature des autres ni la façon dont ils réagissent à notre égard.

Leurs jugements ne sont que le reflet de leurs propres limites personnelles, car ils ne peuvent imaginer ce qu'ils ne peuvent créer. Je ne peux même pas m'offenser de ce que les gens disent, surtout quand ils me traitent de fou, car les insultes sont tellement éloignées de ma réalité actuelle qu'elles semblent aussi ridicules que si quelqu'un me traitait de vert et s'attendait à ce que je m'offense d'être traité de vert. Et pourquoi devrais-je me sentir offensé quand quelqu'un me traite de Noir ou d'Arabe et s'attend à ce que je me sente offensé ? L'ignorance est-elle vraiment une insulte ? Et pour qui ? Ce serait comme si quelqu'un en fauteuil roulant se moquait de vous parce que vous marchez sur vos deux jambes.

Pourquoi devrais-je me sentir offensé d'être traité de fou après avoir écrit tant de livres merveilleux que j'aurais aimé découvrir quand j'étais plus jeune, par des gens qui ne lisent pas beaucoup et ne comprennent pas grand-chose ? Pourquoi les sages devraient-ils s'offusquer des imbéciles ? Comme je l'ai déjà dit à plusieurs reprises, puisque je respecte l'ignorance des autres, il serait logique qu'ils respectent ma sagesse, mais c'est loin d'être le cas. Plus vous en savez, plus vous serez insulté par les plus ignorants d'entre nous.

Les très ignorants ont tendance à cristalliser leur version de la réalité, ce qui signifie que, longtemps après que vous ayez radicalement changé vous-même et votre vie, ils continueront à parler d'un passé qui n'existe plus. Ils peuvent même vous rappeler des choses que vous avez faites quand vous étiez plus jeune, comme s'ils essayaient de vous replacer dans cette ancienne structure. C'est pourquoi j'ai mis fin à toutes mes amitiés. Au bout d'un certain temps, vous vous rendez compte qu'ils ne vous parlent pas à vous, mais à eux-mêmes à travers une version plus ancienne de vous-même. Vous vous sentez comme un fantôme devant une personne qui ne peut pas vous voir. Mais c'est là le véritable miracle, car vous réalisez que ce n'est pas le changement des circonstances extérieures, mais la transformation intérieure qui s'est produite.

La personne que j'étais - épuisée, prisonnière d'une routine étouffante, mais toujours rêveuse - a jeté les bases de celle que je suis devenue, mais ceux qui sont prisonniers d'une réalité qui n'existe plus ne peuvent pas le voir. Au lieu de cela, ils essaient de trouver des raisons et de fabriquer des rationalisations à mon changement, l'attribuant souvent à des facteurs externes et à la chance, plutôt qu'à un changement fondamental de mon être. Les gens adorent les histoires sur des inconnus inattendus qui détiennent des informations ou sur des moments soudains d'opportunités inattendues, car personne ne veut vraiment entendre parler d'un processus profond et long d'introspection spirituelle, de méditation et de travail acharné pour se forger une nouvelle personnalité.

Les gens me détestent quand je leur dis que je me suis amélioré grâce au travail. Ils préfèrent la magie, car ils détestent le travail. Mais c'est ce qu'ils détestent qui fait d'eux ce qu'ils sont, avec toutes leurs expériences qui s'alignent parfaitement. Par exemple, je me souviens d'une lectrice qui m'a dit un jour que la vie au Brésil était très difficile et qu'elle ne pouvait plus manger de viande tous les jours, et je lui ai répondu : « Et pourquoi voudriez-vous manger de la viande tous les jours ? »

Vous voyez, la plupart des problèmes que les gens ont ne sont pas vraiment des problèmes. Ils les considèrent comme des problèmes parce qu'ils ne sont pas conscients de leurs propres limites spirituelles. En réalité, vous devriez vous préoccuper du prix des fruits et légumes dans votre pays, pas du prix de la viande. La véritable misère des Philippines n'est pas le prix du porc, mais le fait qu'ils vivent sur des îles entourées d'un vaste océan regorgeant de poissons et qu'ils n'en mangent pas. La véritable misère des Philippines, c'est qu'un morceau de brocoli coûte plus cher que son équivalent en porc. Une misère encore plus grande est de voir qu'ils n'ont rien et qu'ils trompent et manquent de respect aux touristes qui s'y rendent, les poussant à choisir d'autres pays voisins où les habitants sont plus honnêtes.

Chapitre 19 : La nature de l'espoir

La misère est généralement auto-infligée, résultant d'un faible niveau de conscience et des comportements qui l'accompagnent, tels que l'irresponsabilité, le manque d'intégrité et le refus de changer. La véritable misère de nations comme les Philippines ne réside pas dans leur pauvreté, mais dans leur culture et tout ce qu'elle représente. La fierté, dans ces cas-là, est déplacée, car elle célèbre l'ignorance de masse et limite l'épanouissement personnel. Rien ne justifie la fierté dans des nations qui ont désespérément besoin de changements radicaux. En fait, la menace actuelle d'une invasion chinoise pourrait paradoxalement conduire à un meilleur système politique, soulignant l'ironie selon laquelle les choses que nous redoutons le plus peuvent parfois être une bénédiction déguisée.

Les Philippines, avec leurs taux élevés de meurtres et de viols, sont devenues l'un des pays les plus dangereux pour les voyageurs. Ce n'est pas le résultat de la pauvreté, mais d'une culture profondément défaillante. Après avoir été victime d'extorsion et de fraude à l'encontre des étrangers, je n'ai aucune envie d'y retourner et aucune sympathie pour leur situation. Leurs actions reflètent une mentalité démoniaque dans laquelle les enfants sont considérés comme des esclaves et les filles comme des prostituées, le tout justifié par une interprétation pervertie de la religion. C'est la véritable manifestation de l'enfer sur terre, peut-être pire encore que de vivre dans un pays communiste.

Comme je l'ai compris, le contraire de se forger une nouvelle vie et de changer est l'incarnation du ressentiment et des énergies les plus sombres qui l'accompagnent. Le désespoir des Philippins les pousse à incarner une nature très mauvaise. J'ai vu la même chose dans d'autres cultures qui luttent pour survivre, comme le Portugal, l'Espagne et la Grèce. Chaque fois que les gens perdent espoir, ils attirent vers eux une énergie très sombre. Mais cela devient aussi une force qui cristallise leur karma et détermine leur destin de manière très dramatique et catastrophique, comme dans le cas récent de l'Ukraine, lorsque la Russie a envahi le pays en 2022.

Seuls ceux qui sont capables de changer leur état d'esprit et de réaliser que la vie n'est pas déterminée par des circonstances extérieures, mais par des choix personnels, peuvent profiter du pouvoir de changer leur destin, même lorsqu'ils sont confrontés à des résultats apparemment limitatifs. Rêver éveillé et envisager de nouvelles possibilités est devenu une habitude qui a remodelé mon esprit et m'a permis de reconnaître et de saisir les opportunités. Cette prise de conscience a mis en évidence le pouvoir de l'esprit humain et l'importance de cultiver une perspective positive. Il ne s'agit pas d'une pensée positive superficielle, mais d'une croyance profonde et inébranlable en nos capacités et au potentiel illimité qu'offre la vie. Les rêves nourris de passion et de persévérance ont le pouvoir de se manifester de manière inattendue.

Chacun de nous porte en lui les graines d'une réalité extraordinaire qui attend le bon moment pour s'épanouir. Lorsque nous alignons nos désirs sur notre vocation spirituelle, la vie a une merveilleuse façon de transformer nos fantasmes les plus fous en réalité tangible. Le secret est de garder la flamme de l'espoir allumée, de continuer à imaginer l'avenir que nous souhaitons et de rester ouvert aux possibilités infinies qu'offre la vie. Beaucoup de gens passent à côté d'opportunités par manque d'humilité et par obstination. Ils sont trop déterminés à obtenir uniquement ce qu'ils veulent, plutôt que d'obtenir ce pour quoi ils sont prêts à travailler. Ceux qui sont prêts à accomplir des tâches humbles ont généralement plus d'opportunités de changer leur destin que ceux qui pensent mériter la richesse uniquement par cupidité et arrogance.

Les rêves qui habitaient depuis longtemps les recoins les plus profonds de mon esprit se sont matérialisés sous mes yeux, un par un, comme les pièces d'un puzzle cosmique s'emboîtant les unes dans les autres. Cependant, j'ai également créé pour moi-même une réalité que les autres ne considèrent pas comme réelle. Leur arrogance les empêche de manifester du respect pour une personne vivante. Ils me considèrent comme arrogant, alors que j'ai déjà été un professeur d'université respecté. Il semble qu'en tant que professeur, j'étais une source d'inspiration, mais en tant qu'auteur, je ne suis qu'un lunatique qui exprime des opinions personnelles. La perception sélective des gens ne cesse de m'étonner, en particulier celle des groupes religieux qui prétendent suivre des pratiques qui contredisent leurs actions.

La vie a une façon de nous surprendre, de bouleverser nos attentes et de nous forcer à réévaluer tout ce que nous pensions savoir sur nous-mêmes et sur le monde. Mon mépris pour la religion et le manque de respect que j'ai rencontré dans de nombreux endroits m'ont obligé à développer une plus grande conscience de moi-même et une estime de soi plus aiguë. Les nombreux emplois que j'ai perdus à cause de la jalousie et de la calomnie m'ont amené à reconnaître ma plus grande valeur en tant qu'écrivain, et pas seulement comme moyen de partager des connaissances.

En fin de compte, l'essence même de l'espoir réside dans notre capacité à nous adapter, à grandir et à continuer de rêver, malgré les défis et les revers auxquels nous sommes confrontés. Elle réside dans la croyance inébranlable en notre propre potentiel et dans les possibilités illimitées qu'offre la vie. Elle réside dans le courage d'affronter des réalités désagréables et de les utiliser comme tremplins vers un avenir meilleur. Et elle réside dans l'humilité d'accepter que notre voyage ne s'achève jamais vraiment, mais qu'il évolue sans cesse, se déploie sans cesse et reste toujours plein de merveilles et de surprises.

Chapitre 20 : La transformation de l'amour

Cette expérience m'a amené à m'interroger sur la nature du destin et du libre arbitre. Avons-nous vraiment le choix quant au déroulement de notre vie ? Ou sommes-nous de simples acteurs dans un scénario cosmique prédéterminé ? La réponse, je suppose, se situe quelque part entre ces deux extrêmes : nous avons certes notre libre arbitre, mais nous sommes également soumis à des forces qui nous dépassent, qu'il s'agisse du hasard, du destin ou simplement des complexités de la psyché humaine et de notre destin spirituel. Mais j'ai également appris l'importance de l'authenticité dans les relations et le danger de projeter nos attentes et nos idéalisations sur les autres. Nous perdons beaucoup de temps à attendre que les gens changent et respectent leurs engagements et leurs promesses, ce qu'ils ne font presque jamais. L'être humain ordinaire est faible, paresseux, stupide et lent dans la vie.

Quant à la recherche de l'« âme sœur » parfaite, la seule personne qui puisse nous soutenir dans notre quête spirituelle, elle peut nous aveugler sur les réalités humaines imparfaites, mais très courantes, des personnes avec lesquelles nous nous engageons, qui souvent nous changent négativement et modifient le cours de notre vie pour le pire. J'ai été rejeté à plusieurs reprises par les femmes avec lesquelles je me suis engagé, ce qui m'a fait réaliser l'importance de la solitude plutôt que la compagnie de ceux qui sont trop inconscients et démotivés par la vie pour changer quoi que ce soit en eux-mêmes, en particulier ceux qui sont obsédés par leurs propres attachements, leurs amis et leur famille.

Ces individus sont plongés dans des rituels et des habitudes qui les empêchent de rechercher quelque chose de plus grand et d'aider ceux qui empruntent ces chemins ; au contraire, ils les tirent constamment vers le bas avec diverses stratégies visant à diminuer leur estime de soi et à les faire se conformer, tout comme les membres de la famille le font avec nous. C'est peut-être pour cela que nous tombons si facilement dans les pièges du conformisme, choisissant d'éviter les confrontations nécessaires mais inconfortables. Nous confondons le sentiment d'appartenance avec un but dans la vie et finissons par succomber aux désirs des autres. Ainsi, lorsqu'on me demande s'il vaut mieux être célibataire ou marié, on ne comprend pas le postulat sous-jacent à la question : il vaut mieux aimer que rester seul, mais il vaut aussi mieux s'aimer soi-même qu'aimer quelqu'un qui nous rend malheureux.

Très souvent, les gens sont fiers de relations qui ne les satisfont pas et méprisent ceux qui restent seuls parce qu'ils ont trop peur de faire de même. Leur fierté masque de nombreuses faiblesses et insécurités. C'est pourquoi j'ai appris à être plus indulgent envers moi-même, à réaliser que commettre des erreurs et être trahi ne fait pas de moi une personne inférieure. Le chemin vers une vie vraiment satisfaisante ne réside pas dans la recherche incessante de rêves extérieurs ou dans l'idéalisation de relations parfaites qui contribuent à la validation des autres. Il réside plutôt dans le fait de cultiver une relation saine avec nous-mêmes, de construire des liens authentiques avec les autres et de trouver un but qui transcende les réalisations matérielles.

La façon dont quelqu'un me regarde et me traite le définit, et cette attitude exige que je réponde de la même manière. Mais ce n'est pas une loi que j'ai créée ; c'est un principe fondamental de la vie. Si vous voulez un bon emploi, travaillez d'abord gratuitement. Si vous voulez de l'amour, gagnez d'abord le respect. Si vous voulez être heureux, apprenez d'abord à vous aimer vous-même. La solitude que nous pouvons ressentir, bien que douloureuse, est aussi une occasion de croissance et de découverte de soi. C'est un moyen de guérir de vieilles blessures, de réévaluer ses priorités et de redéfinir ce que signifie vraiment mener une vie épanouie et significative.

La vie ne consiste pas seulement à réaliser nos rêves, mais à apprendre à intégrer ces rêves à la réalité de notre existence. Il s'agit de trouver un sens non seulement dans les réalisations extérieures, mais aussi dans le cheminement intérieur vers la conscience de soi et la croissance personnelle. La solitude offre l'espace intérieur nécessaire pour contempler cette réalité. Et c'est peut-être là la véritable nature de l'espoir : non pas l'attente que tout sera parfait, mais la conviction que, grâce à nos expériences, nous pouvons trouver un sens, grandir et, finalement, atteindre une forme plus authentique de bonheur.

Au début, nous pouvons être amenés à croire que la réalisation de nos objectifs et de nos ambitions est le chemin direct vers le bonheur. Après tout, n'est-ce pas ce qu'on nous enseigne dès notre plus jeune âge ? Cependant, avec le temps, nous nous rendons compte que cette approche peut être trompeuse et nous laisse souvent un sentiment de vide, même après avoir atteint ce que nous désirions tant. J'ai découvert que le vrai bonheur ne dépend pas de réalisations ou de jalons externes, mais plutôt d'un état interne de contentement et de paix. Le bonheur, dans son essence la plus pure, est un sous-produit de nos actions et, plus important encore, de nos interactions avec les autres et avec ceux avec qui et où nous choisissons d'interagir. Le seul aspect de la vie sur lequel nous avons un réel contrôle est la quantité d'amour que nous choisissons de ressentir et d'offrir.

C'est une pensée puissante et transformatrice, car même si nous ne pouvons pas contrôler les circonstances extérieures, les actions des autres ou même nos propres sentiments à un moment donné, nous pouvons toujours choisir comment réagir à ces situations - et la réponse la plus puissante est toujours l'amour de soi.

Chapitre 21 : Transcender la transition

Si nous n'avons pas d'amour-propre, tout est perdu, car nous succomberons facilement aux vents du doute et du désespoir, forces influencées par nos attachements à des individus qui expriment leur réalité dans une vibration inférieure. Cependant, une partie cruciale de ce voyage consiste à apprendre à libérer notre douleur, à la traiter de manière saine et à la transformer en compréhension et en compassion pour les limites des autres et leur propre cheminement. Les personnes que nous méprisons traversent leurs propres luttes et souffrances et, bien qu'elles puissent être dangereuses, elles sont également la source de leur propre misère et de leur propre combat.

En fin de compte, la transformation de l'amour commence par l'amour que nous cultivons pour nous-mêmes. C'est à partir de cette base que nous pouvons construire des relations authentiques et significatives avec les autres et trouver le vrai bonheur et l'épanouissement dans notre vie.

Notre approche de la vie doit être de rechercher le changement plutôt que de l'attendre, car il est plus facile de trouver des personnes qui nous aiment en retour que d'attendre que quelqu'un change en raison de notre propre attente illusoire d'un tel changement. Beaucoup de gens s'engagent dans des drames qui pourraient être résolus s'ils coupaient le besoin d'attachement en eux-mêmes. Souvent, la douleur que nous ressentons est davantage liée à nos propres limites spirituelles qu'aux personnes que nous rencontrons. Ainsi, il est fascinant de constater que plus quelqu'un nous cause de la douleur, plus notre désir de nous aimer nous-mêmes doit être grand, comme si la négativité de cette personne stimulait notre propre besoin de croissance spirituelle. Et pourquoi en serait-il autrement ?

Ceux qui acceptent et contemplent une vie de misère en raison de pressions religieuses ou culturelles ne font que perpétuer un état spirituel négatif qui ne les rendra pas meilleurs, mais les rendra au contraire aussi mauvais que ceux qu'ils tolèrent. Il suffit de regarder les personnes qui se plaignent de leur souffrance et de se demander en quoi elles sont différentes de celles qui leur ont fait du mal. Peut-être que la personne qu'elles décrivent dans leur histoire était différente, mais celle qui vous raconte son passé est désormais le produit de ce passé.

Les gens changent leur situation, mais ils guérissent rarement de ce qu'ils ont vécu, ce qui fait ressortir les caractéristiques qui peuvent les amener à revivre la même souffrance. Cela s'applique certainement aux femmes qui ont subi des abus et ont perdu la capacité d'aimer. Par conséquent, l'espoir que toute thérapie offre ne vient pas de la technique elle-même, mais de la promesse qu'il existe quelque chose de plus grand que nous-mêmes. Lorsque nous sommes capables d'aller au-delà du besoin de résolution ou de pardon et que nous nous concentrons plutôt sur l'amour de Dieu et le monde spirituel, nous nous accordons à une fréquence plus élevée qui brise les schémas d'une fréquence plus basse que la souffrance nous a apportée.

En ce sens, la question à se poser n'est pas de savoir si vous pouvez accepter et pardonner ceux qui vous ont trahi et blessé, mais si vous pouvez vous souvenir de moments de bonheur. Vous souvenez-vous de la première fois où vous vous êtes senti heureux dans votre vie ? Posez cette question à vos proches et observez comment ils se mettent rapidement à pleurer. Cela se produit presque automatiquement et instantanément, car tous les habitants de cette planète portent en eux une énorme quantité de bonheur refoulé sous d'épaisses couches de souffrance qu'ils veulent oublier pour pouvoir avancer dans leur vie.

Le problème, c'est que les choses que vous refusez d'affronter déterminent également votre capacité à être heureux. Vous ne pouvez donc pas être heureux tant que vous n'avez pas éliminé les couches de souvenirs douloureux de votre psyché, ce qui signifie que vous devez vous souvenir de la douleur pour vous souvenir nécessairement de ce que signifie être heureux. Le paradoxe de la santé mentale est que vous devez vous pardonner avant d'être heureux, et ce n'est qu'alors que vous pourrez pardonner aux autres. Inverser cet ordre revient à pervertir les lois de la conscience et à se limiter à davantage de couches de culpabilité, d'endoctrinement et de dogme.

C'est pourquoi les religions pervertissent la capacité de guérison de l'âme humaine, et la thérapie conventionnelle et ses médicaments ne font que supprimer davantage les symptômes d'un esprit non guéri. Au contraire, en choisissant systématiquement la voie de l'amour pour nous-mêmes et pour nos vies, nous nous alignons en quelque sorte sur une puissance supérieure, et cette puissance se trouve lorsque nous parvenons à nous souvenir de ce qui nous a rendus heureux. Il y a un sentiment d'harmonie avec quelque chose de plus grand que nous-mêmes qui peut briser les chaînes de nos souvenirs les plus douloureux et leur emprise sur notre esprit et nos choix. Il suffit de se répéter, comme un mantra, « Quand ai-je été heureux ? » et de commencer ce voyage intérieur, en chassant tous les démons qui sont en vous avec l'épée de l'espoir.

Lorsque nous choisissons de ne pas aimer, souvent parce que nous croyons à tort que l'amour doit être conditionnel ou réciproque, nous tombons dans un piège dangereux, car nous agissons sur la base d'un sentiment d'insécurité et de peur, un choix fondé sur la crainte de revivre des traumatismes non guéris. « M'aimes-tu ? » est une question qui cache souvent la peur d'être à nouveau blessé, de revivre les déceptions du passé. Mais aucune réponse ne peut réconforter une personne qui n'est pas guérie, car cette personne ne peut pas croire au contraire d'un traumatisme non guéri.

Chapitre 22 : Amour et changement

Le changement ne se produit que lorsque nous libérons notre passé, et c'est pourquoi la plupart des gens continuent à répéter les histoires qu'ils veulent laisser derrière eux. Par peur, ils recherchent le changement tout en répétant les scénarios qu'ils ont laissés derrière eux, sans se rendre compte qu'ils sont la cause de ces expériences. Ce que nous craignons nous pousse à créer davantage de ce que nous craignons dans une tentative de supprimer cette peur. Personne ne le sait mieux que les narcissiques, qui blessent ceux qu'ils ont peur d'aimer afin de tester leur engagement.

En ce sens, l'âme non guérie crée une prison d'illusion personnelle qui nous prive de l'essence même de ce qui nous rend humains : notre capacité à créer des liens et à éprouver de la compassion. La véritable libération ne se produit que lorsque nous comprenons que l'amour n'est pas une transaction, mais un état d'être. Aimer sans attendre de retour, sans avoir besoin de voir les fruits immédiats de nos dons, est le véritable test de notre foi dans le pouvoir transformateur de l'amour. C'est une foi qui transcende les religions et les philosophies spécifiques, une foi dans la bonté fondamentale de l'univers et dans sa capacité à guérir et à transformer.

C'est cette foi en l'amour inconditionnel qui, en fin de compte, nous sauve. Elle nous sauve de l'amertume, du ressentiment, d'un sentiment de solitude. Elle nous sauve d'une vie vécue en surface, sans profondeur ni signification réelle. C'est grâce à cette foi que nous trouvons non seulement le bonheur que nous recherchons, mais aussi un sens à notre vie et un lien avec quelque chose de plus grand que nous-mêmes. Nous le savons intuitivement lorsque nous nourrissons un oiseau ou un chat errant sans autre raison que de contempler leur bonheur.

Même dans les moments les plus sombres, lorsque le poids de l'existence semble insupportable, il y a toujours la possibilité d'un changement, d'une nouvelle perspective qui peut complètement modifier notre perception de la réalité. Le monde nous le montre de nombreuses façons, dont la plupart semblent être négligées par des personnes perdues dans leurs propres souvenirs. Réfléchissez : à quand remonte la dernière fois où vous avez senti le parfum d'une fleur ou senti le sable humide de l'océan sous vos pieds ? À quand remonte la dernière fois où vous vous êtes assis sur un rocher au sommet d'une montagne et avez apprécié la brise sur votre visage au coucher du soleil ?

J'avais l'habitude de faire de l'escalade en Grèce et en Chine uniquement pour profiter de la brise. Les autres ne comprenaient pas, alors je me retrouvais souvent seul, mais j'ai réalisé que les plaisirs les plus importants de la vie ne peuvent être partagés avec ceux qui ne sont pas prêts à les recevoir. Les plus beaux moments de la vie sont ceux où vous sentez l'amour vous envahir grâce à une source d'énergie inexplicable que l'on trouve dans la nature. Vous pouvez le ressentir lorsque vous fermez les yeux et écoutez les sons de la nature qui vous entoure. De même, la véritable sagesse ne consiste pas à avoir toutes les réponses, mais à être ouvert aux questions, à embrasser le mystère de l'existence avec curiosité et à vivre pleinement chaque instant, en reconnaissant notre connexion avec le tout.

La véritable essence de la vie nous échappe, cachée entre les fissures de la réalité que nos yeux limités peuvent percevoir. Mais au milieu de ce tourbillon de chaos, une vérité fondamentale, claire et indéniable émerge : le chemin de la vie ne peut être parcouru sans amour. Cette perception, aussi simple soit-elle, a une profondeur et une complexité qui défient notre compréhension rationnelle. C'est peut-être pour cela que le concept d'amour est si difficile à partager de manière égale entre les personnes. Les gens veulent comprendre quelque chose d'aussi divin que l'amour avec leur esprit limité.

Si je peux humaniser ce concept abstrait, je dirais qu'aimer, c'est être qui nous sommes dans notre essence la plus profonde. C'est permettre à notre vraie nature de se manifester, libérée des masques et des rôles que la société nous impose. Et je le sais parce que chaque fois que j'ai permis à un enfant de s'exprimer librement, j'ai vu qu'il acquérait un but plus élevé, plus de joie et d'envie de travailler pour obtenir de bonnes notes et de meilleurs résultats dans la vie. Le secret n'était pas de forcer l'enfant à être d'accord avec moi, l'enseignant, mais de l'aider à comprendre qu'il était maître de ses propres résultats et capable de les déterminer par lui-même.

La véritable beauté de guérir un enfant réside dans le fait que, lorsque vous lui donnez la capacité de voir au-delà de l'obéissance aux règles et aux modèles, il choisira naturellement le bon chemin pour lui-même, grandira et deviendra plus sage. Cet enfant, incarnant l'esprit de joie et d'épanouissement, se sentira poussé à aider les autres et à partager ce qu'il sait. C'est là la véritable beauté de l'éducation, qui peut transformer une âme, et cette lumière, une fois allumée, aidera d'autres âmes à trouver leur propre lumière par amour, sans aucune attente, si ce n'est le sentiment de voir les autres devenir meilleurs. Cela contraste avec l'idée que l'éducation doit amener les gens à se faire concurrence et à passer par le processus d'apprentissage comme s'ils marchaient sur des charbons ardents.

Chapitre 23 : Le pouvoir transformateur de l'observation

Notre compréhension des autres est intrinsèquement liée à notre propre conscience de soi. En aidant les autres à prendre conscience de leur moi authentique, nous accélérons notre propre découverte de soi. Notre image de soi est le reflet de nos choix et de la façon dont nous traitons les autres, et nos observations sont relatives aux significations que nous leur attribuons. Cette interaction façonne à la fois notre réalité et notre identité. Les actes les plus transformateurs sont ceux qui sont motivés par la foi en l'aide aux autres, une source secrète de magie, souvent confondue avec la chance ou le bonheur spontané par ceux qui sont consumés par leurs propres besoins. Même nos paroles n'ont de sens que dans leur contexte.

Un écrivain sans public n'est qu'un penseur solitaire. Mon identité est intimement liée à la vôtre, et le sens et l'énergie que je vous consacre me définissent. Même si nous ne nous rencontrons peut-être jamais, l'énergie cachée sous les couches de mots est palpable et nous transforme tous les deux. Votre appréciation de mon travail façonne mon existence autant que je façonne la vôtre. Cette réciprocité est le fondement de mon authenticité et de mon influence en tant qu'écrivain, non seulement en tant que fournisseur de connaissances, mais aussi en tant que personne qui s'investit intentionnellement et avec amour dans son métier, comme je l'ai fait dans d'autres professions valorisées.

J'aimerais que tout le monde, des baristas aux chauffeurs de taxi, puisse s'en rendre compte. Souvent, ils ne voient pas les liens profonds qu'ils tissent avec les personnes qu'ils servent, perdus dans leurs routines et leur image de soi. Pourtant, j'ai eu des conversations profondes avec des inconnus qui ont montré un intérêt sincère à me connaître. En fin de compte, l'amour et la transformation résident dans notre capacité à voir au-delà des apparences, à nous connecter à des vérités plus profondes et à nous investir pleinement dans la croissance et le bien-être des autres. Grâce à cet amour et à cette compassion, nous transformons non seulement nous-mêmes, mais aussi le monde qui nous entoure.

Nos identités sociales et nos pensées sont des constructions éphémères, qui n'ont de sens que par rapport à l'observateur. Ceux qui ne voient rien en moi ne reçoivent rien en retour. Valider l'absurde ne fait qu'apporter plus d'absurdité dans notre vie. Lorsque nous sommes déprimés, perdus ou pauvres, nous devons d'abord remettre en question nos valeurs, ce qui arrive rarement car les gens sont trop pris par leur ego pour voir leurs défauts. La solution réside généralement dans la distance de l'observation. Qu'avez-vous qui ne vous ait jamais frappé auparavant ? De quelle couleur et de quelle forme est la fleur la plus proche de vous ? Que voyez-vous depuis votre fenêtre que vous n'aviez jamais remarqué auparavant ?

Pratiquez l'art de contempler la beauté et de trouver des possibilités, et vous découvrirez plus que vous ne l'espériez. Interagissez avec des inconnus sympathiques et vous ne savez jamais ce qu'ils pourraient vous dire qui pourrait changer le cours de votre vie. C'est libérateur quand quelqu'un vous dit quelque chose que vous ne voulez pas entendre, car cela vous libère du fardeau d'essayer de le comprendre. Quand quelqu'un pense que je suis fou et interprète mal ce que j'écris, cela me libère du temps pour rencontrer des personnes plus intéressantes avec lesquelles discuter de manière constructive. C'est ainsi que j'ai perdu des amis et rencontré des entrepreneurs qui m'ont donné des idées pour améliorer mon travail et gagner plus d'argent.

Plus vous êtes spirituel, moins vous devez vous soucier des suppositions ou des jugements des autres. Les opinions, tout comme les religions, n'ont aucune signification intrinsèque, sauf celle que nous leur attribuons. La plupart des choses dans notre monde sont soutenues par la croyance, et non par l'utilité. Si l'esprit humain était plus objectif, les différentes cultures cesseraient d'exister, tout comme les divisions, le besoin de religion, les passeports et la justification de la guerre.

La vie n'est pas seulement une force cruelle qui exige que nous sacrifions notre existence pour une identité illusoire ; c'est aussi un professeur sage, bien que parfois incompréhensible, qui nous guide à travers l'expérience vers une compréhension plus profonde de nous-mêmes et de l'univers. L'amour, dans ce contexte, n'est pas seulement un sentiment romantique, mais la force fondamentale qui nous permet de naviguer dans cette réalité complexe. Il nous donne le courage d'affronter l'incertitude, de remettre en question nos perceptions et de rechercher un sens plus profond, même lorsque cela semble dénué de sens. Aimer, être qui nous sommes et vivre sont intimement liés dans une danse complexe qui façonne notre existence et révèle que nous sommes tels que nous nous créons. La vérité réside dans cette complexité si nous pouvons embrasser la multiplicité des expressions comme les couleurs d'un paysage.

Chaque expérience, chaque interaction et chaque mot écrit ou lu a un sens. Il existe un amour - un amour universel qui transcende notre compréhension limitée, mais qui nous guide inexorablement dans notre cheminement vers la croissance et la spiritualité. Nous devons nous rappeler que nous sommes les auteurs et les lecteurs de nos propres histoires. Dans la vaste étendue de l'expérience humaine, peu de vérités sont aussi poignantes et isolantes que le constat que la plupart de nos efforts, même ceux qui sont faits pour le bien des autres, sont souvent accueillis avec indifférence. C'est pourquoi nous faisons plus pour les autres en travaillant sur nous-mêmes.

Chapitre 24 : La sagesse de la solitude

Les gens sous-estiment généralement la valeur de la compassion et de l'altruisme parce qu'ils sont consumés par leurs propres luttes et désirs. Cette indifférence s'étend à la littérature, où les lecteurs recherchent des solutions rapides à des problèmes qui ont mis des années à se développer. J'ai observé le même phénomène dans plusieurs religions, où les membres en savent beaucoup moins sur leurs propres écritures qu'ils ne le prétendent. Ils préfèrent les dogmes illusoires qui les relient à la vérité, dont ils se moquent souvent. C'est un aspect curieux de la vie que les gens ridiculisent ce qu'ils ne comprennent pas, comme si leur ignorance compensait en quelque sorte leur manque de compréhension.

Écrire sur des sujets complexes qui touchent un large public est un défi, surtout dans un monde axé sur la richesse matérielle. On m'interroge souvent sur les aspects financiers de mon travail, comme si la valeur de mes efforts pouvait se réduire à une valeur monétaire. La vérité est beaucoup plus simple : beaucoup de livres ne se vendent tout simplement pas. Sur une planète qui compte 8 milliards d'habitants, nombreux sont ceux qui ne s'intéressent pas aux vérités profondes. En fait, les meilleures réponses que j'ai trouvées sont cachées sous des couches de confusion, souvent dans la traduction d'écrits très anciens. Les gens ignorent ces vérités parce qu'ils présument que ce qu'ils ne peuvent pas voir n'est pas vrai, ce qui est en soi une forme d'arrogance. Mais je dis la vérité quand j'affirme que de nombreux textes sacrés et traditions anciens contiennent toutes les informations nécessaires. Le reste provient d'un processus alchimique de souffrance que beaucoup ne parviennent pas à comprendre et qu'ils utilisent souvent pour discréditer la vérité.

Peu importe à quel point nous luttons, nous accumulons toujours des cicatrices et des traumatismes, mais la vie est trop courte pour s'attarder dessus. Les livres accélèrent le processus de guérison, ce qui m'amène à réfléchir à la valeur que les gens s'accordent à eux-mêmes lorsqu'ils choisissent de ne pas lire des livres qui existent depuis des siècles et qui peuvent être lus gratuitement. Ils consultent un médecin lorsqu'ils sont mourants, mais ne lisent presque jamais les livres qui pourraient les rendre meilleurs, plus sains et en meilleure santé. La majeure partie du secteur du livre est orientée vers des solutions rapides et des opinions qui nourrissent l'ego de beaucoup. C'est pourquoi il n'est pas difficile d'écrire un livre populaire, mais plutôt un livre impopulaire qui a le potentiel de devenir rentable. C'est pourquoi je devrais demander à une puissance supérieure pourquoi mes livres se vendent en abondance en ce moment, car les résultats dépassent le domaine de la logique sociale et de la compréhension commune.

Les gens me posent beaucoup de questions sur l'argent, mais je trouve cela trivial et de nature très basse, car mon succès repose sur la foi. Le sacrifice aussi, car écrire autant de livres aussi rapidement n'est tout simplement pas humainement possible. En fait, cette planète évolue trop lentement pour moi. Mais pour les masses, c'est la planète idéale, car elles sont déjà en état de mort cérébrale. Elles renaissent souvent simplement parce qu'elles ne sont pas très intéressées par la transcendance de cette existence. Elles vivent heureuses et fières comme des animaux de zoo ordinaires, concentrées sur des choses mondaines et triviales comme manger, faire l'amour et dormir. Elles ne peuvent concevoir rien d'autre que ces plaisirs mondains et simples, et encore moins imaginer vivre sans aucun d'entre eux.

J'ai sacrifié mon sommeil pendant des années parce que j'avais beaucoup d'emplois et, ironiquement, j'ai à peine survécu et j'ai fini par gagner très peu d'argent. Puis, le destin m'a préparé un autre pont de feu, avec le sacrifice de la nourriture et le sacrifice de la solitude. Je ne l'ai pas choisi de mon plein gré, mais le traverser a été une grande libération. Il y a beaucoup de réponses que l'on trouve de l'autre côté des ponts du sacrifice que les masses ne sont pas intéressées à apprendre.

C'est peut-être ce qui dérange le plus les gens à mon sujet, le fait que je n'ai jamais aimé porter de masques sociaux. C'est une tendance nécessaire sur cette planète qui me frustre profondément et ralentit mes capacités mentales et créatives. L'esprit va trop vite pour la conceptualisation mentale. Cela peut être nécessaire pour nous protéger, mais ce n'est pas idéal. Pourquoi voudrais-je une solution aux problèmes si, pour commencer, je ne veux pas des problèmes

? Si je pouvais remonter le temps, je choisirais probablement une voie différente. Mais serais-je une personne différente ? C'est une question fondamentale que nous devons tous nous poser.

J'ai été élevé par des parents narcissiques dans un environnement très pauvre et violent. La seule chose positive que j'en ai retirée, c'est d'avoir appris à méditer et à m'isoler mentalement de la réalité qui m'oppressait. Une éducation artistique était tout simplement hors de portée. Mais j'ai toujours aimé la musique, la peinture, la sculpture et pratiquement tout le reste, depuis mon enfance. Je n'avais ni estime de moi ni le temps d'écrire, mais je l'ai fait par désir sincère de partager avec le monde, pensant qu'il faudrait des générations avant que quelqu'un en perçoive la valeur. J'ai alors senti une force supérieure me pousser à le faire, sans autre choix. Les ponts ont été brûlés lorsque je suis arrivé au pays de la « liberté ».

Après cela, j'ai lutté avec acharnement contre le racisme, la discrimination, la dépression, la solitude, la faim, la trahison, les caries dentaires et l'impossibilité de payer un dentiste, sans parler des factures à régler. Cela a mis à rude épreuve ma résistance et ma foi. Mais je n'avais pas peur, car je savais que j'étais enfin sur la bonne voie.

Chapitre 25 : La solitude de l'illumination

Je me retrouve souvent en désaccord avec le monde, non pas par choix, mais parce que ma perspective est fondamentalement différente de celle d'une personne ordinaire. Les interviews, par exemple, sont difficiles ; les questions que les gens posent me semblent souvent triviales et hors de propos. Il ne s'agit pas d'arrogance ou d'un manque de conscience sociale, mais simplement d'une façon différente de voir la réalité. Essayer d'expliquer le monde du point de vue d'un faucon à un singe est inutile ; le singe ne posera que des questions sur les bananes, qui ne font même pas partie du point de vue du faucon.

Une fois, en Malaisie, j'ai sauvé une fille qui était attaquée par un singe. Le singe était agressif parce qu'il pensait qu'elle avait une fraise dans son sac à dos. Les gens ressemblent beaucoup à ce singe, se battant pour des illusions et cherchant des réponses qui n'existent pas. La frontière entre le singe et la personne ordinaire est mince, et c'est une triste vérité, pas une insulte.

La profondeur de l'ignorance dans la société est profonde et troublante. Les personnes qui connaissent peu le monde ont tendance à être les plus polarisées. En Europe, par exemple, on me confond souvent avec un habitant local ou quelqu'un d'Afrique du Nord ou du Moyen-Orient. Les gens voient ce qu'ils veulent voir, pas ce qui existe. Ils font des suppositions basées sur leurs connaissances limitées, sans se rendre compte de leur propre ignorance.

Aux États-Unis, les gens m'ont dit que je ressemblais à un Amérindien. Bien sûr que oui ; je pourrais être mexicain, et les Mexicains sont un mélange d'ascendance espagnole et indigène. Les États-Unis étaient autrefois un territoire mexicain, donc la ressemblance est naturelle. Les gens font ces suppositions sans comprendre l'histoire qui se cache derrière. L'hypocrisie est incroyable.

Les Grecs et les Espagnols ne m'aiment pas parce qu'ils pensent que je suis nord-africain, mais ils peuvent voir la côte africaine depuis leurs côtes. Les Espagnols du sud disent qu'ils me méprisent parce qu'ils pensent que je suis arabe, mais ils ont eux-mêmes des traits arabes. C'est un niveau d'ignorance qui défie toute croyance. Comment est-il possible de ne pas voir son propre reflet dans le miroir ?

Le même genre d'absurdité imprègne de nombreux groupes religieux. Les gens contredisent souvent leurs propres croyances par leurs actions, prouvant ainsi qu'ils ne savent rien. Ils sont aveugles, et c'est pourquoi je n'ai aucun respect pour aucun groupe religieux. Ils ont tous tort, se trompant eux-mêmes avec des absurdités. Et quand ces gens nous insultent, ils se décrivent souvent eux-mêmes. Je ne peux pas me sentir offensé quand quelqu'un me traite d'arrogant ou de psychopathe, car je sais simplement plus qu'eux. Ils sont en colère parce que j'en sais plus, et il est incroyable que quelqu'un puisse détester une autre personne uniquement à cause de ses connaissances.

Nous considérons les atrocités du passé comme une manifestation d'ignorance collective et nous ne réalisons pas que les mêmes caractéristiques persistent dans notre monde. De plus, il existe de nombreux individus dysfonctionnels qui donnent des séminaires de développement personnel et font des discours en public. Les masses sont trop ignorantes pour voir clair dans leur jeu. Mais le plus surprenant, c'est quand ils forment de grands groupes et sont fiers de leur nombre. Beaucoup de fous ne font pas une vérité.

J'ai trouvé du réconfort dans la vérité d'une manière qui dépasse les mots. Lorsque vous savez, et que vous êtes absolument certain de savoir, vous trouvez du réconfort dans la solitude. Partager l'espace avec de nombreux imbéciles vous déprime. C'est ce que j'ai ressenti ces dernières années, lorsque j'ai partagé mon espace avec des groupes religieux. Je cherchais des personnes partageant les mêmes opinions et j'ai été contraint de réaliser que j'étais à des années-lumière d'elles. Elles m'ont forcé à le voir par leur manque de respect et leur ignorance. J'ai dû réapprendre que je peux trouver le bonheur plus rapidement par moi-même.

Il est difficile de nager seul dans la piscine sur le toit d'un hôtel, ou de passer du temps seul sur une grande plage déserte, de nager seul dans l'océan ou, au mieux, de passer du temps avec des chats et des oiseaux plutôt qu'avec des gens. Mais vaut-il mieux être malheureux en compagnie ? Je n'aime pas les Européens parce qu'ils représentent le spectre le plus bas de la conscience spirituelle. Je ne suis plus surpris par leur besoin incessant et même historique de déformer tout enseignement spirituel en fonction de leur faible niveau de compréhension, souvent basé sur le besoin de punir et de juger les autres. Dire que j'ai souffert parce que j'avais un mauvais karma est probablement la chose la plus stupide que les bouddhistes en Europe m'aient dite. Non, je n'ai pas souffert parce que j'avais un mauvais karma, mais parce que j'avais un bon karma et que j'étais entouré d'imbéciles, y compris eux. Ce bon karma s'est manifesté lorsque j'ai appris à m'aimer, ce que les idiots du bouddhisme ne m'ont jamais aidé à trouver.

Malgré les connaissances et l'expérience que j'ai accumulées, ou mes résultats et la vaste quantité de connaissances que j'offre dans mes livres, on me traite encore de mauvais, ce qui est assez drôle. Cela m'a fait réaliser que les gens ne changent jamais. Nous changeons, pas eux. Nous apprenons leur ignorance et ils restent les mêmes jusqu'à ce qu'ils meurent stupides et renaissent stupides. Mais les esprits subissent un grand choc lorsqu'ils réalisent qu'ils ont vécu toute leur vie dans le mensonge et qu'ils l'ont gâchée. Les esprits sont contraints de se réincarner parce qu'ils se sentent très mal. Mais ils reviennent avec les mêmes instincts. Seul le contexte peut les forcer à changer, c'est pourquoi je n'aime pas aider les personnes égoïstes.

Chapitre 26 : Le chemin illuminé

Il n'y a pas de plus grande pauvreté qu'un esprit égoïste et dépourvu de compassion pour les autres. Comme je le dis souvent, si vous insultez un écrivain, vous ne méritez pas la connaissance qu'il vous offre. Et si vous refusez l'hospitalité de base - un lit pour dormir, une tasse de café ou un morceau de pain - vous ne méritez pas les richesses qui découlent des relations humaines. La charité et la gratitude naissent dans le cœur. J'ai plus de respect pour ceux qui offrent un sourire sincère ou un mot gentil, car ces gestes ne coûtent rien et pourtant, ils signifient tout.

Les animaux possèdent une sagesse unique qui manque à beaucoup d'humains, simplement parce qu'ils sont plus en phase avec le spectre plus large de lumière où le monde spirituel prend forme. En Grèce, j'étais toujours entouré de chats. Ils me suivaient, me rendaient visite, et un chat sauvage en particulier est devenu mon thérapeute, m'invitant toujours à passer du temps avec lui. Ironiquement, mon voisin était un écrivain français que j'essayais d'éviter. Il se vantait d'avoir écrit 50 livres dans sa vie et avait 74 ans. Je ne lui ai jamais révélé le nombre de livres que j'avais écrits, surtout après qu'il se soit vanté de ne pas être un écrivain comme moi parce qu'il était célèbre. Je pouvais entendre le malheur dans sa voix, le ressentiment et le racisme, et je pouvais sentir sa proximité avec la mort. C'était un homme incapable d'apprendre quoi que ce soit de nouveau, trop consumé par la haine pour trouver la paix avant sa fin.

Les êtres humains préfèrent généralement les contes de fées sur eux-mêmes ou, au mieux, la fiction. Cette planète a une façon de nous emprisonner, même lorsque nous sommes conscients. Ces paradigmes sont universels, mais ils deviennent de plus en plus prédominants. Les gens parlent avec une conviction absolue de sottises et adhèrent aux mêmes mensonges. Nous avons plus de connaissances maintenant, mais la plupart des gens passent leur vie sans régler leurs dettes karmiques, ce qui les ramènera à des scénarios pires encore. Il y aura plus de pauvreté et de pénurie dans le monde, et la plupart des âmes retourneront dans des environnements où ces conditions les forceront à apprendre les leçons dont elles ont besoin.

Peut-être qu'un monde plus profond et inférieur ou un état animal sera la prochaine étape pour elles. Je sais avec certitude que lorsqu'une personne est obsédée par la stupidité, elle est loin de la vérité. Mais il est difficile de critiquer ceux qui plagient ou répètent simplement ce que quelqu'un d'autre a dit. Je peux en dire autant de nombreux gourous hindous. Les gens ne lisent pas les écritures hindoues, alors ils me demandent ce que je pense des célèbres gourous indiens. Je pense que si vous comprenez ce que vous lisez, vous devez dire quelque chose de vrai. En fait, ma plus grande critique à l'égard des religions occidentales concerne leurs difficultés d'apprentissage.

J'ai travaillé avec des enfants ayant des difficultés d'apprentissage pendant de nombreuses années et j'ai découvert plus tard que les adultes réagissaient de manière agressive à l'égard de mes tentatives de les éduquer, en particulier dans les groupes religieux. Il est impressionnant de voir une personne de 70 ans m'attaquer parce qu'elle veut croire à ses propres mensonges. Je ne réponds même pas à ces personnes, car je pense que la meilleure punition est de les laisser croire qu'elles ont raison jusqu'à leur mort. Si vous voulez éradiquer rapidement toutes les religions de la Terre, il suffit de forcer leurs membres à chercher les significations dans un dictionnaire et à comprendre les absurdités qui s'ensuivent.

Toute obscurité est dissipée par la lumière de la raison et, au milieu d'une telle ignorance, rien ne coupe aussi profondément et facilement que la conscience de la signification des mots que nous interprétons et appliquons à tort aux autres. Vous détruisez l'ego, le dogme et l'estime de soi, les invalidant d'un seul coup, et c'est pourquoi ils préfèrent vous expulser plutôt que de changer eux-mêmes. Malheureusement, c'est ainsi que fonctionne une grande partie de l'humanité, et c'est pourquoi l'absurdité et l'obscurité triomphent dans le monde, et les plus éclairés se retrouvent isolés dans leurs réalisations.

Pourtant, il y a une joie particulière à avoir une plage entière ou le sommet d'une montagne rien que pour soi, qui ne peut être décrite avec des mots. Le ciel peut être un endroit isolé, mais il y a en lui une beauté que vous ne trouverez pas en enfer, peu importe le nombre d'âmes que vous y rencontrerez. Il y a un profond sentiment de paix et de clarté dans cette solitude. La solitude permet une réflexion plus profonde et une connexion avec le monde naturel qui se perd souvent dans le bruit des interactions humaines.

La sagesse qui découle de cette solitude n'est pas celle de l'isolement, mais celle d'une compréhension plus profonde de soi et de l'univers. C'est un état d'être qui transcende le mondain et permet une véritable appréciation de la beauté et de la complexité de l'existence. C'est le réconfort de l'illuminé, un endroit où l'esprit peut s'épanouir et s'élever, libéré des préoccupations mesquines et de l'ignorance du monde.

Glossaire des termes

L'Étoile (carte de tarot) : une carte de tarot qui symbolise l'espoir, le renouveau et le sens de l'orientation après une période de turbulences ou de changements. Elle représente le potentiel de croissance et de transformation.

La Tour (carte de tarot) : carte de tarot qui signifie un changement soudain, une agitation ou une rupture importante dans la vie d'une personne. Elle représente la destruction d'anciens schémas ou structures pour laisser place à de nouveaux départs.

L'aveuglement : Le fait de se tromper soi-même, généralement pour éviter d'affronter des vérités ou des émotions dérangeantes. L'auteur discute de l'importance de confronter l'aveuglement pour parvenir à une croissance personnelle.

Karma : principe spirituel de cause à effet selon lequel les actions d'un individu (cause) affectent son avenir (effet). L'auteur discute de l'importance de comprendre et d'accomplir les leçons karmiques.

Cartomancie : pratique de divination utilisant un jeu de cartes, généralement des cartes de tarot. Elle est utilisée pour obtenir des informations sur la vie et l'avenir d'une personne en interprétant le symbolisme des cartes.

Croyances délirantes : croyances fausses ou irréalistes maintenues malgré des preuves contraires. Ces croyances peuvent être une source de réconfort, mais elles peuvent aussi conduire à la misère et à la stagnation.

Empathie : capacité à comprendre et à partager les sentiments d'une autre personne. C'est un élément clé du comportement altruiste et essentiel à la construction de relations significatives.

Illusion de la vie : croyance selon laquelle la vie doit suivre une progression linéaire et que le succès se mesure par des réalisations extérieures. L'auteur soutient que la véritable réalisation vient de l'intérieur et ne dépend pas d'une validation extérieure.

Impulsion altruiste : un fort désir d'aider les autres sans rien attendre en retour. Elle est motivée par l'empathie et un souci sincère du bien-être d'autrui.

Inconscient : La partie de l'esprit qui n'est pas perçue ou contrôlée consciemment. Elle contient des pensées, des sentiments et des souvenirs qui influencent le comportement et les émotions.

Cheminement spirituel : Processus visant à atteindre l'épanouissement personnel, l'illumination et une compréhension plus profonde du sens de la vie. Il implique généralement l'introspection, la méditation et l'exploration de pratiques spirituelles.

Lois divines : Principes ou règles universels qui régissent le royaume spirituel et guident les individus vers un but supérieur. Comprendre et suivre ces lois peut mener à la croissance et à l'épanouissement personnel.

Mentalité de pénurie : Mentalité caractérisée par la croyance qu'il n'y en a pas assez pour tout le monde, ce qui entraîne des sentiments d'anxiété et de compétition. L'auteur oppose cette mentalité à la mentalité d'abondance.

Esprit médiocre : Terme utilisé pour décrire les individus qui se contentent de la médiocrité et résistent au changement ou à la croissance. Ils résistent généralement à la critique et s'accrochent à des valeurs et des croyances dépassées.

Narcissisme : Trait de personnalité caractérisé par un sentiment exagéré de sa propre importance, un besoin profond d'admiration et un manque d'empathie envers les autres. L'auteur discute des effets néfastes du narcissisme sur les relations et la société.

Le Diable (carte de tarot) : une carte de tarot qui représente les attachements matériels, les tentations et le sentiment d'être piégé ou limité par les circonstances. Elle est souvent associée à des influences négatives et au besoin de transformation.

Pensée positive : Attitude mentale qui se concentre sur le côté positif de la vie et attend des résultats positifs. L'auteur critique l'accent excessif mis sur la pensée positive comme moyen d'éviter la confrontation et la réalité.

Réalités parallèles : L'idée qu'il existe plusieurs versions de la réalité ou de l'existence. L'auteur utilise cette idée pour explorer différents chemins et possibilités de vie.

Sagesse : la capacité de penser et d'agir avec connaissance, expérience, compréhension, bon sens et discernement, en particulier de manière à aider une personne à faire de bons jugements et à mener une vie épanouie.

Transformation : processus de changement ou d'évolution, généralement profond ou significatif. L'auteur discute de l'importance de la transformation personnelle pour la croissance et l'épanouissement.

Références

Johnson, L. (2019). Comprendre le narcissisme dans la société contemporaine. Social Science Quarterly, 45(2), 189-200.

Jung, C. G. (1959). The Archetypes and the Collective Unconscious [Les archétypes et l'inconscient collectif]. Princeton University Press.

Nietzsche, F. (1883). Ainsi parlait Zarathoustra. Penguin Classics.

Sénèque, L. A. (2014). Lettres d'un stoïcien. Penguin Classics.

Smith, J. (2020). The Impact of Positive Thinking on Mental Health [L'impact de la pensée positive sur la santé mentale]. Journal of Psychology, 50(3), 234-245.

Demande de critique littéraire

Cher lecteur,

Merci d'avoir acheté ce livre ! J'aimerais beaucoup connaître votre avis. Écrire une critique littéraire aide à comprendre les lecteurs et influence également les décisions d'achat d'autres lecteurs. Votre avis est important. Merci de bien vouloir rédiger une critique sur ce livre ! Votre gentillesse est très appréciée !

À propos de l'auteur

Dan Desmarques est un auteur de renommée mondiale et un leader révolutionnaire de la pensée transformationnelle, dont les ouvrages profonds sur la croissance personnelle, la spiritualité et la réussite ont donné naissance à un mouvement mondial, permettant à des millions de personnes de dépasser leurs limites et d'exploiter pleinement leur potentiel. Avec un catalogue prolifique de plus de 100 livres publiés, dont 34 best-sellers Amazon, huit d'entre eux ayant atteint la première place très convoitée dans leur catégorie, Desmarques combine avec brio la sagesse ancienne et les dernières découvertes en matière de psychologie et d'ésotérisme. Il offre une clarté inégalée et des stratégies pratiques pour relever les défis les plus profonds de la vie, qu'il s'agisse de maîtriser le pouvoir subconscient ou de disséquer des dynamiques karmiques complexes.

Célèbre pour son style conversationnel caractéristique, Desmarques écrit avec une honnêteté brute et magnétique, imprégnée d'une urgence compatissante qui semble partager des secrets profonds autour d'un café avec un ami de longue date. Les lecteurs découvrent toujours ses livres à des moments cruciaux de leur vie, les saluant comme des catalyseurs qui transforment leur existence, démantèlent leurs blocages mentaux, allument un courage inébranlable et ouvrent la voie à l'abondance. Ses enseignements sont un puissant appel à l'action, incitant les lecteurs à remettre en question le statu quo, à cultiver une confiance en soi radicale et à entrer avec audace dans leur pouvoir authentique.

Véritable érudit et globe-trotter, Desmarques parle couramment plusieurs langues et s'inspire d'une riche mosaïque d'expériences mondiales et de perspectives interculturelles, garantissant ainsi que son message trouve un écho universel. Son vaste catalogue, désormais traduit en sept langues et disponible dans plus de 240 000 magasins et bibliothèques à travers le monde, a provoqué de profonds changements chez des publics divers, des aspirants entrepreneurs en quête de maîtrise de l'état d'esprit aux chercheurs ésotériques explorant des mystères plus profonds. En tant qu'éducateur, consultant et voix primée dans le domaine du développement personnel, Dan Desmarques continue de définir l'évolution du potentiel humain, en combinant des vérités philosophiques intemporelles avec des outils modernes pour guider l'humanité vers un éveil collectif.

Également écrit par l'auteur

1. 66 Days to Change Your Life: 12 Steps to Effortlessly Remove Mental Blocks, Reprogram Your Brain and Become a Money Magnet
2. A New Way of Being: How to Rewire Your Brain and Take Control of Your Life
3. Abnormal: How to Train Yourself to Think Differently and Permanently Overcome Evil Thoughts
4. Alignment: The Process of Transmutation Within the Mechanics of Life
5. Audacity: How to Make Fast and Efficient Decisions in Any Situation
6. Beyond Belief: Discovering Sacred Moments in Everyday Life
7. Beyond Illusions: Discovering Your True Nature
8. Beyond Self-Doubt: Unleashing Boundless Confidence

for Extraordinary Living

9. Breaking Free from Samsara: Achieving Spiritual Liberation and Inner Peace

10. Breakthrough: Embracing Your True Potential in a Changing World

11. Christ Cult Codex: The Untold Secrets of the Abrahamic Religions and the Cult of Jesus

12. Codex Illuminatus: Quotes & Sayings of Dan Desmarques

13. Collective Consciousness: How to Transcend Mass Consciousness and Become One With the Universe

14. Creativity: Everything You Always Wanted to Know About How to Use Your Imagination to Create Original Art That People Admire

15. Deception: When Everything You Know about God is Wrong

16. Dehumanization: How We Lose Our Way to Cruelty

17. Demigod: What Happens When You Transcend The Human Nature?

18. Design Your Dream Life: A Guide to Living Purposefully

19. Discernment: How Do Your Emotions Affect Moral Decision-Making?

20. Eclipsing Mediocrity: How to Unveil Hidden Realities and Master Life's Challenges

21. Energy Vampires: How to Identify and Protect Yourself

22. Fearless: Powerful Ways to Get Abundance Flowing into Your Life

23. Feel, Think and Grow Rich: 4 Elements to Attract Success in Life

24. Find More with Less: Uncluttering Your Mind, Body, and Soul

25. Find Your Flow: How to Get Wisdom and Knowledge from God

26. Forbidden Knowledge: Uncovering the Secrets of Ancient Civilizations and Alien Intervention

27. Hacking the Universe: The Revolutionary Way to Achieve Your Dreams and Unleash Your True Power

28. Holistic Psychology: 77 Secrets about the Mind That They Don't Want You to Know

29. How to Change the World: The Path of Global Ascension Through Consciousness

30. How to Get Lucky: How to Change Your Mind and Get Anything in Life

31. How to Improve Your Self-Esteem: 34 Essential Life

Lessons Everyone Should Learn to Find Genuine Happiness

32. How to Spot and Stop Manipulators: Protecting Yourself and Reclaiming Your Life

33. How to Study and Understand Anything: Discovering The Secrets of the Greatest Geniuses in History

34. Intuition: 5 Keys to Awaken Your Third Eye and Expand Spiritual Perception

35. Karma Mastery: Transforming Life's Lessons into Conscious Creations

36. Legacy: How to Build a Life Worth Remembering

37. Master Your Emotions: The Art of Intentional Living

38. Mastering Alchemy: The Key to Success and Spiritual Growth

39. Metamorphosis: 16 Catalysts for Unconventional Growth and Transformation

40. Metanoia Mechanics: The Secret Science of Profound Mental Shifts

41. Mind Over Madness: Strategies for Thriving Amidst Chaos

42. Mindshift: Aligning Your Thoughts for a Better Life

43. Money Matters: A Holistic Approach to Building Financial Freedom and Well-Being

44. Now: Crushing Procrastination and Skyrocketing Productivity

45. Oneness: The Divine Path from Trauma to Unity

46. Quantum Leap: Unleashing Your Infinite Potential

47. Raise Your Frequency: Aligning with Higher Consciousness

48. Religious Leadership: The 8 Rules Behind Successful Congregations

49. Reset: How to Observe Life Through the Hidden Dimensions of Reality and Change Your Destiny

50. Resilience: The Art of Confronting Reality Against the Odds

51. Revelation: The War Between Wisdom and Human Perception

52. Shameless: Defying Negativity

53. Spiritual Anarchist: Breaking the Chains of Consensual Delusion

54. Spiritual DNA: Bridging Science and Spirituality to Live Your Best Life

55. Spiritual Warfare: What You Need to Know About Overcoming Adversity

56. Starseed: Secret Teachings about Heaven and the Future of Humanity

57. Stupid People: Identifying, Analyzing and Overcoming Their Toxic Influence

58. Technocracy: The New World Order of the Illuminati and The Battle Between Good and Evil

59. The 10 Laws of Transmutation: The Multidimensional Power of Your Subconscious Mind

60. The 14 Karmic Laws of Love: How to Develop a Healthy and Conscious Relationship With Your Soulmate

61. The 33 Laws of Persistence: How to Overcome Obstacles and Upgrade Your Mindset for Success

62. The 36 Laws of Happiness: How to Solve Urgent Problems and Create a Better Future

63. The Alchemy of Truth: Embracing Change and Transcending Time

64. The Altruistic Edge: Succeeding by Putting Others First

65. The Anatomy of Cruelty: The darkest things people do and why they do them

66. The Antagonists: What Makes a Successful Person

Different?

67. The Antichrist: The Grand Plan of Total Global Enslavement

68. The Art of Letting Go: Embracing Uncertainty and Living a Fulfilling Life

69. The Awakening: How to Turn Darkness Into Light and Ascend to Higher Dimensions of Existence

70. The Dark Side of Progress: Navigating the Pitfalls of Technology and Society

71. The Egyptian Mysteries: Essential Hermetic Teachings for a Complete Spiritual Reformation

72. The Empty Cup: A Zen Guide to the True Self

73. The Evil Within: The Spiritual Battle in Your Mind Deception: When Everything You Know about God is Wrong

74. The Game of Life and How to Play It: How to Get Anything You Want in Life

75. The Hidden Language of God: How to Find a Balance Between Freedom and Responsibility

76. The Mosaic of Destiny: Deciphering the Patterns of Your Life

77. The Most Powerful Quotes: 400 Motivational Quotes

and Sayings

78. The Multidimensional Nature of Reality: Transcending the Limits of the Human Mind

79. The Narcissist's Secret: Why They Hate You (and What to Do About It)

80. The Primal Temple: Mastering the Five Elemental Powers.

81. The Scapegoat's Redemption: Breaking Free from Toxic Paradigms

82. The Secret Beliefs of The Illuminati: The Complete Truth About Manifesting Money Using The Law of Attraction That is Being Hidden From You

83. The Secret Empire: The Hidden Truth Behind the Power Elite and the Knights of the New World Order

84. The Secret Science of the Soul: How to Transcend Common Sense and Get What You Really Want From Life

85. The Seventh Cycle: Finding Light in the Shadows.

86. The Spiritual Laws of Money: The 31 Best-kept Secrets to Life-long Abundance

87. The Spiritual Mechanics of Love: Secrets They Don't Want You to Know about Understanding and Processing

Emotions

88. The Universal Code: Understanding the Divine Blueprint

89. The Unknown: Exploring Infinite Possibilities in a Conformist World

90. Thrive: Spark Creativity, Overcome Obstacles and Unleash Your Potential

91. Transcend: Embracing Change and Overcoming Life's Challenges

92. Unacknowledged: How Negative Emotions Affect Your Mental Health?

93. Unapologetic: Taking Control of Your Mind for a Happier and Healthier Life

94. Unbreakable: Turning Hardship into Opportunity

95. Uncharted Paths: Pursuing True Fulfillment Beyond Society's Expectations

96. Uncommon: Transcending the Lies of the Mental Health Industry

97. Uncompromised: The Surprising Power of Integrity in a Corrupt World

98. Unfiltered Truths: A Blueprint for Living Above Chaos

99. Why Do Good People Suffer? Uncovering the Hidden Dynamics of Human Nature
100. Your Full Potential: How to Overcome Fear and Solve Any Problem
101. Your Soul Purpose: Reincarnation and the Spectrum of Consciousness in Human Evolution

À propos de l'éditeur

Ce livre a été publié par 22 Lions Publishing. Pour découvrir notre catalogue ou envoyer votre manuscrit pour évaluation, rendez-vous sur : www.22Lions.com

www.ingramcontent.com/pod-product-compliance
Lightning Source LLC
LaVergne TN
LVHW051025051026
849532LV00004BA/1378
9798295648847